Bonne lecture Lise

de

Amitiés

Lise

Caroline Allard

Les Chroniques
d'une mère indigne

Une vie sale parsemée de couches bien remplies.
À moins que ce ne soit l'inverse?

hamac-carnets

Les éditions du Septentrion remercient le Conseil des Arts du Canada et la Société de développement des entreprises culturelles du Québec (SODEC) pour le soutien accordé à leur programme d'édition, ainsi que le gouvernement du Québec pour son Programme de crédit d'impôt pour l'édition de livres. Nous reconnaissons également l'aide financière du gouvernement du Canada par l'entremise du Programme d'aide au développement de l'industrie de l'édition (PADIÉ) pour nos activités d'édition.

Directrice de collection : Adeline Corrèze

Révision : Solange Deschênes

Mise en pages et maquette de la couverture : Pierre-Louis Cauchon

Si vous désirez être tenu au courant des publications
de la collection HAMAC et des ÉDITIONS DU SEPTENTRION
vous pouvez nous écrire par courrier,
par courriel à sept@septentrion.qc.ca,
par télécopieur au 418 527-4978
ou consulter notre catalogue sur Internet :
www.hamac.qc.ca ou www.septentrion.qc.ca

© Les éditions du Septentrion
1300, av. Maguire
Sillery (Québec)
G1T 1Z3

Diffusion au Canada :
Diffusion Dimedia
539, boul. Lebeau
Saint-Laurent (Québec)
H4N 1S2

Dépôt légal :
Bibliothèque et Archives
nationales du Québec, 2007
ISBN : 978-2-89448-491-3

Ventes en Europe :
Distribution du Nouveau Monde
30, rue Gay-Lussac
75005 Paris France

ASSOCIATION NATIONALE DES ÉDITEURS DE LIVRES

Membre de l'Association nationale des éditeurs de livres

À mes deux filles, Clémentine et Emma,
que j'aime plus que tout au monde.

À Marc, mon mari que j'adore et sans qui
l'indignité n'aurait jamais aussi bon goût.

Préface
Père indigne prend sa plume

On a beau slalomer entre les rencontres médiatiques, les réceptions mondaines et les contrats faramineux, un jour, le talent vous rattrape et ne vous laisse d'autre choix que d'être célèbre. Tel est le destin de Mère indigne, ma propre femme, qui devra désormais vivre avec le poids de son succès. Laissons-la donc folâtrer dans les champs fleuris de la gloire et intéressons-nous plutôt aux questions que vous vous posez sur votre nouvelle idole.

Ces mille et une questions, un jeune homme de talent les a magistralement captées, cristallisées et exprimées, en toute simplicité, au cours d'une entrevue que moi, Père indigne, je lui accordai aux abords de notre bungalow cossu (celui avec la cheminée qui tombe en ruine et une seule voiture dans l'entrée de garage) de Laval-des-Rapides.

Été 2006, sous une chaleur accablante, après avoir vainement tenté de m'enlever mon maillot avec les dents, Jean-Louis XXX (que vous rencontrerez très bientôt) prend une gorgée de boisson citronnée et m'interpelle sans complaisance :

Jean-Louis XXX — Dans ces chroniques, il semble que Mère indigne et vous partagiez une idée commune de la vie de famille. Vous apparaissez souvent soudés aux hanches, vous épaulant mutuellement, prenant de front, et jusqu'à bras le corps, les crottes que l'existence vous réserve dans son insondable couche. Parfois même, vous semblez faire preuve d'une connivence complice. Doit-on voir, à travers ces multiples indices, les signes d'un amour indéfectible ?

Père indigne — Oui.

Jean-Louis XXX — Un instant, je note. Bien. Et si j'ai bien compris, par amour l'un pour l'autre, vous décidâtes de braver la statistique du mariage et de fonder une famille, d'avoir deux charmantes petites filles dont l'une deviendrait écrivaine et l'autre physicienne – plus d'un prix Nobel en perspective pour cette famille déjà choyée par le destin. Les voisins m'ont même assuré que vous aviez encore une vie sexuelle (ou alors c'est Mère indigne qui se cogne régulièrement l'orteil sur une patte de table en allant faire chauffer le biberon). Vous arrive-t-il parfois de penser que tout cela est trop beau ?

Père indigne — Non.

Jean-Louis XXX — C'est noté. Dernière question, mais non la moindre : Mère indigne compose-t-elle ses mélodies avant ses textes, ou l'inverse ?

Père indigne — À ma connaissance, elle n'a encore écrit que les textes.

Jean-Louis XXX — Merci de vous être ainsi ouvert le cœur et l'esprit et d'avoir répondu, en toute confiance, aux questions des lecteurs.

Père indigne — Je n'ai pas de secret pour le public adoré de Mère indigne. Et quand j'en aurai un, je serai le Maître du monde !

Mère indigne, entrant brusquement dans la préface — Peut-être, mais en attendant, il y a une couche à changer.

Père indigne — Ça va, j'y vais, j'y vais.

Introduction
Seuls les indignes survivront

C hanger des couches sales quinze fois par jour encourage-t-il les pensées impures? Oh, que oui. Après sept mois de congé de maternité, j'ai soudainement dû

me rendre à l'évidence : j'étais devenue, petit à petit, une mère indigne.

Avant d'accepter ce statut, j'ai psychologiquement beaucoup souffert. En effet, j'avais, pendant des années, courageusement tenté d'être une mère parfaite avec Fille Aînée, en suivant tant bien que mal tous les conseils bien intentionnés des livres sérieux sur la maternité. Mais la venue de Bébé numéro 2 m'a obligée à constater que les parents qui respectent à la lettre les édits de ces manuels se vouent à un *burn-out* à brève échéance. J'ai aussi senti, avec une grande consternation, que, si nous ne respections pas, par choix ou par erreur, les sacro-saints préceptes du parent parfait, nous nous condamnions à la culture du secret envers le pédiatre ainsi qu'à un sentiment de culpabilité débilitant. C'est pourquoi j'ai choisi, par solidarité avec mes collègues-parents souffrants, de mettre par écrit et d'étaler publiquement le côté obscur de la maternité.

Ne nous racontons pas d'histoires : rien n'est plus angoissant que d'élever des enfants. Nos bambins auront beau être les plus gentils et les mieux élevés de la terre, avoir des enfants est une entreprise beaucoup trop périlleuse pour que nous puissions nous permettre de ne pas nous inquiéter et veiller au grain, à chaque moment et tous les jours, et ce, à partir de leur conception. Des tracasseries de base («Horreur! Elle n'a pas bu tout son lait! Soulagement! Elle a mangé beaucoup de céréales!») aux paniques à venir («Horreur! Un condom! Soulagement! Il est encore emballé!»), rien ne sert d'enfouir notre tête dans les couches: nous sommes à leur merci. Bref, l'équation est simple: si nous ne voulons pas exploser d'inquiétude, il nous faut un exutoire. L'indignité, pour les parents, est cette merveilleuse soupape qui nous permet de continuer à dire oui à la vie.

À partir d'aujourd'hui, osons donc le clamer haut et fort: il faut rire de nos enfants! Nous leur donnons tout, nous tremblons chaque jour pour eux, nous explosons de fierté devant leurs exploits, nous les nourrissons, les logeons, les lavons, les écoutons, leur achetons des jouets stupides juste pour le plaisir de voir leur visage s'illuminer pendant un quart de seconde, bref, nous les aimons plus que nous-mêmes, alors on peut quand même se permettre de les trouver ridicules avec leur sale manie de regarder Caillou ou de collectionner des cartes Pokémon, non?

Les chroniques rassemblées dans ce livre se divisent en deux catégories. Premièrement, il y a les situations dans lesquelles nous pouvons rire de nos enfants en général. Et, deuxièmement, il y a les situations lors desquelles j'ai moi-même ri de mes enfants en particulier. Oui, du vécu! Des trippes! De la réalité authentique! Que voulez-vous, ça vend de la copie et l'éditeur m'y a forcée.

Ah, j'allais oublier: je ris aussi beaucoup des papas dans ce livre, mais, chut!, ne leur en parlez pas. De la testostérone, c'est très sensible, ça pourrait se mettre à pleurer pour un rien et on en a bien assez à gérer avec nos tout-petits.

Quoi qu'il en soit, chers parents, j'espère que la lecture de cet ouvrage vous encouragera à développer votre indignité. C'est à cette seule condition que vous survivrez. En plus de vous simplifier la vie, c'est très facile d'entretien, ça ne rétrécit pas au lavage et tous vos voisins en voudront une semblable.

Enfin, ça, c'est moi qui le dis.

Les personnages principaux

Mère indigne: De son propre avis, elle est de loin l'être le plus charmant, intelligent et drôle de ces récits (en fait, c'est moi). Elle supporte et va même jusqu'à aimer la vie de famille grâce à une bonne dose d'humour et à une merveilleuse invention appelée le gin tonic.

Père indigne: De son propre avis, il est de loin l'être le plus charmant, intelligent et drôle de ces récits. Grâce à sa nationalité belge, il possède sagesse et bonne humeur, en plus des frites-moules à volonté. Aussi incroyable que cela puisse paraître, Père indigne supporte et va même jusqu'à aimer Mère indigne. En plus, il repasse et plie les vêtements de toute la famille sans même devoir faire appel à une vodka double. Fieu.

Fille Aînée: C'est objectivement, et de loin, l'être le plus charmant, intelligent et drôle de son école. Tellement que les garçons autour d'elle se battent pour obtenir ses faveurs (un regard, un sourire, jouer à la famille chauve-souris dans la cour de récré). Comme elle le dit elle-même, «c'est normal que plusieurs garçons m'aiment. Je suis belle, j'ai l'intelligence, j'aime les sports et, en plus, je ne suis allergique à aucun animal». Elle est aussi très, très drôle.

Bébé: En toute impartialité, il s'agit, et de loin, de l'être le plus charmant, intelligent et drôle de sa garderie. Le fait de ne pas encore savoir parler n'empêche pas un enfant de vouloir vivre sa vie comme il l'entend, et Bébé en est la preuve vivante. Elle est un être dont la présence se fait farouchement sentir, au moins autant que les horreurs que nous trouvons régulièrement dans sa couche.

Eugénie: C'est l'amie de Fille Aînée et la fille de nos amis. Il s'agit sans aucun doute de l'être le plus retors, sournois et consternant de la planète. C'est d'ailleurs pour ça que nous l'aimons autant. Enfin, de loin.

Jean-Louis XXX: Ah, Jean-Louis, Jean-Louis! Pourquoi m'as-tu abandonnée? Hum. Jean-Louis, euh, ce n'est qu'un bon ami. C'est tout.

*M*ère indigne est entourée *d'enfants au visage tout rouge et boursouflé. Certains ricanent, mais la plupart reniflent ou s'essuient les yeux. En soupirant, elle dépose son roman policier et s'adresse à la foule.*

« Les enfants! Les enfants, du calme. Je viens de coucher Bébé, et vous connaissez la règle: celui qui réveille Bébé est obligé de la rendormir. Tu te souviens, la dernière fois, Audrey, tu avais trouvé l'après-midi long, hein? Alors, on se calme.

Qu'est-ce que vous vouliez? »

Les enfants se lancent dans un charabia d'explications incompréhensibles. La seule chose dont Mère indigne est certaine, c'est que tous affirment à un moment ou à un autre que « c'est pas moi, c'est la faute à...! » Mère indigne retient quelques jurons et décide plutôt que le moment est venu d'entreprendre une grande réforme:

« Bon, d'accord, ça suffit. On arrête tout. Chaque fois, vous venez me voir et c'est toujours la même rengaine. Mais là, je n'en peux plus. Et, pour une fois dans votre courte vie, je vais vous dire la vérité.

Z'êtes prêts, mes petits bouts de chou? »

La vérité, c'est que Je. M'en. Fiche. Oui, oui, vous avez bien compris! Je m'en contrefous. Je ne veux pas le savoir, c'est la faute à qui.

Ça vous en bouche un coin, n'est-ce pas? Et, tant qu'à faire, aussi bien que vous le sachiez: je parle au nom de tous les parents. On n'en a rien à cirer de qui a commencé quoi en disant je ne sais quelle ânerie. Même si ça saigne. L'important — je vais vous le dire c'est quoi, l'important, une fois n'est pas coutume — l'important c'est qu'on puisse retourner le plus vite possible à nos activités urgentes d'adultes, j'ai nommé: lire notre roman policier. Et ne me regardez pas comme ça; si vous croyez que ce serait préférable de faire du ménage, faites-en. Et, si ça continue, il y en a quelques-uns parmi vous qui vont aussi faire du vent. Vous le savez, quand y'a la chicane, c'est chacun chez soi. »

D'un geste impératif, Mère indigne interrompt les protestations, distribue quelques mouchoirs aux plus morveux et poursuit:

« Pourquoi ça ne m'intéresse pas de savoir c'est la faute à qui? Je rêve! Vous vous imaginez vraiment que c'est la fin du monde, vos petites chicanes? Eh bien, en réalité, c'est totalement inintéressant. C'est dommage, ça ne me fait pas plaisir de vous le dire, mais c'est d'un ennui mortel, vos fichues histoires. Est-ce que c'est vrai que Roch Voisine ne porte pas de slip sous ses pantalons les soirs de pleine lune, *ça*, c'est intéressant. Une soirée « bain de minuit » avec juste les gars dans le bain tourbillon à *Loft Story*, ça, c'est du potin dégoulinant. À la limite, dites-moi que Dominique Michel conserve son teint en se faisant des cataplasmes à l'extrait de saucisson de Gênes tout en racontant sa liaison hiver-printemps avec Bruce Willis! Y'en a, de la substance, là-dedans! Y'en a, du jus! Mais qui a garroché la petite auto rouge en plastique qui fait même pas mal dans la face de qui, ça, franchement, ça n'a aucun intérêt. Et vous devriez commencer à vous en rendre compte.

Vous savez ce qu'il a dit, Descartes? Il n'a pas juste pondu le *cogito*, Descartes. Que non. Il est aussi l'auteur de ce grand adage fondateur de la philosophie occidentale: *sui quildit se sui quile*. Mauvaise nouvelle pour tous les petits geignards qui voudraient dire que c'est l'autre qui a commencé, vous ne trouvez pas? À méditer, Audrey.

Et puis la guerre. Ça vous dit quelque chose, la guerre? Des villes détruites, des gens à qui on fait mal et à qui on continue de faire mal même s'ils disent «chute»? C'est ça, la guerre. Et pourquoi ça existe, la guerre? Parce que des petits malins se plaignent que c'est l'autre qui a commencé, et que les autres font la même chose. Voilà pourquoi. À la fin, on ne sait même plus de quoi on se plaignait au début. Ça vous rappelle des gens de votre entourage très proche, ça, hmmmm? Des maisons démolies, des Dairy Queen effacés de la surface de la terre, des nounours démembrés, c'est ça que vous voulez? ... Ah, oui, on pleure maintenant. On est désolés. Il fallait y penser avant — graine d'assassins. Quand le vin est tiré, il faut le boire. Tiens, ça me fait penser, vous irez me chercher une bouteille de rouge au dépanneur tantôt. Comment ça, trop jeunes? C'est assez vieux pour jouer sur les nerfs des adultes mais trop jeunes pour leur donner le moyen de relaxer? Audrey, tu prendras mes cartes d'identité.

Ensuite, c'est chacun chez vous.

Quoi? Vous avez compris la leçon? Vous ne recommencerez plus? Ah, mais à ça aussi, il fallait y penser avant, mes pôvres choux. Comment ça, c'est pas juste? Descartes, là, le grand cogitateur, il n'a jamais dit que c'était juste, la vie. Et si lui ne l'a pas dit…

Et pour ceux qui ne seraient pas encore contents, dites-vous bien une chose : c'est pas ma faute, c'est pas moi qui ai commencé. C.Q.F.D. »

Les enfants se dispersent en rechignant. Mère indigne, elle, se promet de distribuer des copies de son discours à la garderie et à l'école, où des parents seraient peut-être même prêts à payer pour se le procurer. Puis elle reprend son polar ; elle n'arrive pas à deviner qui est l'assassin, mais elle sait d'avance que, quand il était petit, rien ne devait jamais être de sa faute.

Combines et combinés

Je déteste le téléphone. Même appeler des amis, ça m'indispose. En fait, si je recevais une lettre tout ce qu'il y a de plus légitime qui m'enjoignait d'appeler au 1 800 Youppi pour réclamer un gros lot de 5 000 $ sans condition, ça prendrait trois semaines avant que je me décide.

Mais il y a pire que parler au téléphone : c'est parler au téléphone avec des enfants.

Qu'on me comprenne. J'aime les enfants. J'en ai deux. J'aurais commencé à vingt ans et j'en aurais eu cinq si j'avais su. J'ai été amie avec des enfants pendant des années (il y a longtemps). Simplement, je n'apprécie guère la combinaison enfants-combiné.

Enfin, non, ce n'est pas vrai. Il y a bien quelques enfants avec lesquels j'irais jusqu'à dire que j'ai du plaisir à parler au téléphone. Les miens.

Sérieusement, il faut vraiment être plein de ressources et de bonne volonté pour discuter le bout de gras avec un bout de chou. De un, au téléphone, ils n'ont rien à dire. Et les enfants, ils ne sont pas comme des adultes qui n'ont rien à dire : nous, on a le *small talk*. On parle quand même. Eux, non. Non seulement ils n'ont rien à dire mais, en plus, ils se taisent. De deux, si par hasard ils se décident à proférer un son, je vous parie ce que vous voudrez que ce sera incompréhensible. Insupportable !

Vous dites? Si cela m'exaspère à ce point, je n'ai qu'à ne pas parler aux enfants au téléphone? Oh, oh, minute: est-ce que j'ai déjà demandé à parler à un enfant au téléphone? Le diabolique de la chose, c'est que ce sont les parents du chérubin qui, la majorité du temps, imposent ces «conversations» à leurs victimes innocentes.

Une connaissance — Je ne te dérangerai pas longtemps, c'est Machin qui m'a dit que tu avais une bonne recette de pâtes tomates-basilic.

Mère indigne — Heu, oui, alors tu as besoin de quatre tomates, d'ail...

(*Cris en voix off*: «Veux pahler au téhéphoooooooooone! Veux! Wouiiiiiiinnnn!»)

La connaissance — Minute, y'a Ti-Chou qui me tire les cheveux.

(*Connaissance en voix off*: «Attends, Ti-Chou, maman parle à Mère indigne.» «Mé moi veux y pahler, bon!!! Veux!!! Ouinnn!» «Voyons Ti-Chou, tu ne la connais même pas.» «Ouiii la connaiiiiiiiis!!! Wouiiiiinnnn!)

La connaissance — Bon, Ti-Chou veut te parler. Attends, je te le passe.

Hein? Quoi? Mais veux pas lui pahler, moi, à Ti-Chou! D'abord, je ne me souviens même plus de son nom! Et ma recette alors?

Mais il est déjà, hélas, trop tard. Le piège s'est refermé sur moi. Une respiration sifflante se fait entendre à l'autre bout de la ligne.

Mère indigne, de la voix sirupeuse d'usage — Allôôôôô toi! Comment ça vaaaa?

Ti-Chou — (Respiration sifflante.)

Mère indigne — Ça va-tu bieeeen?

Ti-Chou — (Respiration sifflante.)

Mère indigne — C'est qui tes amis à la garderiiiiiiie?

Ti-Chou — (Respiration sifflante. Voix de la mère en arrière-plan: « Dis bonjour, Félix-Robert! » Ah! ouais, c'est ça. Félix-Robert.)

Mère indigne, faisant de gros, gros efforts — C'est quoi ton jeu préféréééé, Félix-Robeeeert?

F.R. — Vhhrimmeian. Ghrruguian. (Ces gargouillis inhumains sont interrompus par le son du téléphone qui tombe par terre. Mon cauchemar serait-il terminé? « Hon! Tombééé! Tiens, Chouchou, le téléphone est ici. » Faut croire que non.)

Mère indigne — Pouf, pouf. Es-tu content de t'appeler Félix-Robert, Félix-Robert?

F.R. — (Respiration sifflante.)

Mère indigne — Sais-tu qu'avec un respir pareil tu pourrais faire des bonnes blagues de pervers au téléphone?

La connaissance — Je te demande pardon???

Oups. C'est ça le problème. On ne peut même pas déconner un peu au bout du fil, on ne sait jamais quand les parents vont reprendre le combiné.

À la limite, on pourrait ne rien dire du tout. « Tu ne parles pas, mon p'tit coco? C'est un jeu qui se joue à deux. » Puis, ayant énoncé les règles, se taire jusqu'à ce que le papa ou la maman reprenne possession de l'appareil. Mais il y a fort à parier que, n'entendant pas sortir du combiné de bourdonnement familier se terminant en point d'interrogation, les parents se douteront de quelque chose. Et seront mécontents. En effet, non seulement il faut de bonne grâce parler à Ti-Chou, il faut de surcroît avoir l'air *d'aimer* lui parler au téléphone.

Ne pourrait-on pas alors continuer tout bonnement à lire notre polar à voix haute, en mettant les intonations sirupeuses aux endroits pertinents?

— «Le problèèèèème, Conrooooy, c'est que je ne te fais pas confiance pour l'enquêêêêêête»?

— (Respiration sifflante.)

— «Ah ouaiiiis, Jaaaaack?»

— (Respiration sifflante.)

— «Eh ben toiii, ton problèèèème, c'est que tu es un fils de puuuuuute»?

— Je te demande pardon???

Eh oui. Prise la main dans le sac, et retour à la case départ.

⌣

Tu dis? Ta fille veut absolument me parler, mais, avec tout ce que je viens de te raconter, tu n'oses pas…? Heu… Mais non, voyons! Y'a pas de problèmes! Tu es une amie, après tout, c'est pas pareil… Et puis je ne voudrais pas que ta Chouchoune se sente rejetée par ce monde d'adultes déjà si opaque et sans pitié. Mais à condition que, si elle ne dit rien, tu reprennes le téléphone après quinze sec… Allô? Allôôôôô toiii!… (Respiration sifflante.) Ça va bieeeeeen?

Engagez-vous, rengagez-vous, qu'y disaient!

L'important, dans la vie

(3 commentaires)

Ah, les enfants! Comme ces chers petits amours nous aident à remettre nos priorités au bon endroit, n'est-ce pas?

Il y a quelques années encore, me faire voler ma voiture/perdre mon travail/attraper un gros rhume/me casser un ongle/me faire enlever par des extraterrestres pour jouer dans un film avec Rocco Siffredi aurait été pour moi la fin du monde. Mais avoir des enfants m'a totalement guérie de cette manie bizarre que j'avais d'accorder de l'importance à quoi que ce soit d'autre que leur petit nombril tout mignon.

C'est merveilleux pour ça, les enfants. Ça nous enlève l'énergie pour penser à autre chose qu'à eux. Ça doit être la nature qui veut ça.

C'est merveilleux, la nature.

Mais, aussi merveilleux tout cela soit-il, il y a quand même une priorité qui n'a pas bougé du haut de ma liste et que même les yeux brillants d'amour de mes petits poussins chéris ne m'empêcheront pas de défendre comme une tigresse blessée protège son territoire: mes cheveux.

En quatre mots: Touche pas à ça.

L'autre jour, Fille Aînée m'a donné un bisou. Je lui ai donné un bisou. Elle m'a fait un gros câlin. Je lui ai fait un gros câlin. Elle a amoureusement plongé ses dix doigts dans les profondeurs de ma chevelure. J'ai hurlé. Ma tête est partie par derrière à la vitesse du cobra effarouché. Même si un cobra n'a pas de cheveux. Mais on se comprend : Touche pas à ça !

Car, mes amis, ce qu'il y a sur ma tête, ce n'est pas qu'une chevelure. C'est une coiffure. Ce sont des cheveux *attachés*, et qui plus est *savamment parsemés* des quelques bobépines sur lesquelles j'arrive à mettre la main le matin.

C'est merveilleux, les bobépines.

Et le résultat, calculé au millimètre près, couronne parfaitement mon visage, tout comme un cadre acheté chez Zellers mettrait en valeur, de manière exquise, un beau paysage d'hiver (j'ai le teint pâle) peint par un amateur.

Allons, me direz-vous. Un cadre de chez Zellers et une peinture d'amateur, ce n'est pas du grand art. On n'a pas vraiment besoin d'y faire particulièrement attention. Hé bien justement ! C'est le contraire ! Parce que, s'il y avait une égratignure sur un cadre en or autour d'un Rubens, personne ne la remarquerait. Alors que votre peinture d'amateur, pour ne pas avoir l'air trop cheapette, elle a besoin de toute l'aide que vous pouvez lui donner. Conclusion : on ne touche pas à ça.

Oui, bon, la vanité, l'orgueil, la suffisance, ce sont là de bien vilains défauts. Mais depuis que j'ai des enfants, ma chevelure, c'est tout ce qui me reste en termes d'égoïsme nombriliste individuel, alors je m'y raccroche à deux mains.

Oh, zut. Je me suis complètement décoiffée.

Commentaires (3) :

Chroniques blondes dit :
Aux premiers temps de mes amours avec le père de Belle Fille, il fallait donner des preuves. J'ai laissé Belle Fille me couper les

cheveux. Je ne sais pas du tout si ça a été un plus dans la réussite de la famille recomposée mais maintenant, je suis comme vous, Mère indigne : « touche pas à ça » !

Mamouchka dit :

Oh moi j'adore... Lorsque mon deuxième se colle dans mon cou en me tripotant les cheveux comme si j'étais son doudou, je fonds, je dégouline de bien-être. M'en contrefous d'avoir l'air de Tina Turner après la séance de massage capillaire !

Grande-Dame dit :

Je suis prête à tolérer beaucoup d'envahissement physique de mes enfants, mais ma limite est, moi aussi, viscéralement capillaire.

Me faire toucher les cheveux par mes moussaillons est le summum de l'envahissement, fait monter en moi une agressivité destructrice. Ma tête est sacrée.

Un jour, mon amoureux me regardant enlever la quantité effroyable de bobépines de ma digne tête avant mon bain s'exclama : « Mon Dieu, par chance que la foudre ne te soit jamais tombée dessus ! »

Je réalisai, ce jour-là, que ma vanité pouvait me coûter bien cher un soir d'orage.

Comme contrairement à la plupart des femmes je souffre d'intalent capillaire, j'ai réglé la chose en portant maintenant la perruque.

Pastus horribilis

Je suis de retour de Québec, où j'ai été donner une séance de cours à des étudiants de l'Université Laval. J'ai commencé à tricoter une tuque à Fille Aînée dans l'autobus à l'aller, ai harangué les étudiants pendant trois heures sur les vertus du féminisme en philosophie politique, puis, au retour, j'ai repris mes aiguilles et terminé la tuque. De l'avis du prof régulier, je fais partie de la nouvelle génération de féministes. Je crois plutôt que j'ai des problèmes de double personnalité.

Enfin, tout ça pour dire qu'en partant de la maison j'ai gentiment laissé le tube de dentifrice à la menthe à mon mari, pour qui l'apparence et le goût de la pâte avec laquelle il frictionne ses perles blanches importent énormément. (Et dire que j'allais à Québec parler de féminisme! J'aurais dû prendre notre pâte à dents, juste pour marquer le coup.) J'ai plutôt amené pour mon usage personnel un tube qui traînait depuis belle lurette dans l'armoire de la salle de bain. Un tube de dentifrice pour enfants.

En deux mots: Pou. Ache. En plusieurs: Je ne comprends pas comment les fabricants de dentifrice qui produisent un magma aussi infect ne passent pas leur temps devant les tribunaux. Ça goûte le punch aux fruits. Qui serait assez déviant pour se brosser les dents avec du punch aux fruits?

Mais oui, évidemment : les enfants.

Rendons-nous à l'évidence, nos petits chérubins ont, la plupart du temps, un goût infect, autant pour ce qu'ils aiment se mettre sur le dos (l'inexplicable attrait du rose nanan et de la tulle auprès des petites filles) que pour ce avec quoi ils préfèrent s'empiffrer (bonbons au goût horriblement chimique, chocolat à la texture de vieille cire, etc.).

J'imagine qu'on fait des focus groups pour déterminer quelle saveur auront les nouveaux dentifrices pour enfants. À mon humble avis, les jeunes participants devraient auparavant être triés sur le volet par le biais d'une entrevue habilement menée :

La Madame de Crest — Qu'est-ce que tu préfères manger, mon petit ?

Junior — Des z'œufs Cadbury, du poulet du Colonel et des zuzubes.

La Madame de Crest — Tu n'oublies pas les pogos tièdes ?

Junior — Oui !!! Les pogos !!! Fwoids ! Avec de l'oranzade !

La Madame de Crest — Excellent. (*Se tournant vers les parents :*) Désolé Monsieur, Madame, mais votre enfant n'est pas apte à participer à notre focus group. Notre habile questionnaire a déterminé qu'il a un goût infect.

Junior — Ouinnnnn !

Les parents — Allons chéri, ce n'est pas grave… Viens, on va aller se consoler avec un bon Big Mac.

Évidemment, je rêve en couleur. C'est l'enfant moyen qui dicte ce qu'il y a sur le marché enfantin, et l'enfant moyen aime les œufs Cadbury et les jujubes. D'où le fait que sa pâte à dents sera éternellement insupportable aux adultes.

Remarquez, l'inverse est aussi vrai. Fille Aînée en tout cas déteste notre dentifrice mentholé. Et ce n'est pas surprenant : comment des créatures qui ingurgitent des mets aussi détestables que les huîtres et le foie de veau, et qui boivent des mixtures putrides comme le café et le vin rouge, pourraient-ils utiliser un dentifrice qui plaise à ces petits êtres délicats que sont les enfants ?

Le choc des générations est bien réel. Mais attention les enfants, un jour, vous deviendrez grands, et la menthe finira par vous avoir au tournant.

Cryptomanie
(1 commentaire)

Je ne sais pas si vous aviez remarqué, mais les enfants sont naturellement des experts dans le brouillage de pistes. À la question traditionnelle «Qu'est-ce que tu as fait à l'école?», 99% des parents se voient chaque jour confrontés à une tout aussi traditionnelle réponse «Rien!» Quand au 1% qui reste, il a droit à un bavard «Pas grand-chose».

J'imagine que les enfants, sachant que leurs parents finiront de toute façon par tout savoir, s'évertuent à leur rendre la tâche la plus compliquée possible.

Me considérant passablement fin finaude, je croyais avoir trouvé une voie de contournement pour découvrir ce que Fille Aînée fait à l'école. Au lieu de la question classique, j'y allais d'un: «Quels ont été ton meilleur et ton moins bon moments aujourd'hui à l'école?» Pas moyen d'y couper, n'est-ce pas? Sûrement, Fille Aînée devrait me donner au moins quelques détails sur sa journée.

Au début, cela n'a pas trop mal fonctionné. Mais à maligne, maligne et demie. Se voyant acculée au pied du mur, Fille Aînée a réussi à élever sa technique de cryptage au niveau de l'art. En effet, je me suis aperçue un jour que, pour la 46e journée consécutive, elle me répondait que son meilleur moment avait été de croiser une copine dans le couloir de l'école, ou bien de rentrer en bus avec sa meilleure amie.

Depuis, j'ai pour ainsi dire jeté la serviette. Chaque jour, je pose toujours la même question, mais Fille Aînée ne se fend même plus d'une vraie réponse. « Je n'ai pas eu de meilleur ou de moins bon moment, toute la journée a été bonne. » Pas mal équivalent au « Rien ! » du début, vous ne trouvez pas ?

Tout ça pour vous raconter qu'hier j'ai dû me mesurer à une véritable conspiration de cryptomanes. Audrey (une petite voisine) et Eugénie étaient venues jouer à la maison, quand tout à coup Véronique, une autre petite voisine, arrive en réclamant Audrey. Je suis à ce moment-là en train de faire manger Bébé, mais cela ne m'empêche pas d'épier la conversation :

Véronique — Audrey ! Viens, on a besoin de toi !

Chuchotements provenant du sous-sol.

Audrey — J'arrive !

Eugénie — NON ! N'y va pas, Audrey !!!

Sachant qu'Eugénie est habituellement du type à cracher dans l'œil du diable, j'ai immédiatement la puce à l'oreille.

Audrey, Véronique et Fille Aînée — Ne t'en fais paaaas Eugénie, y'a pas de danger.

Eugénie — NOOOOON !

Mère indigne — Tout va bien, les filles ?

Les 4 filles en chœur — Ouiiiiii !

Évidemment.

Audrey part avec Véronique. Je crois vaguement l'entendre demander à sa sœur où se trouve notre balai (???). Ma décision est prise : je donne des fruits à Bébé ; les voisins s'arrangeront avec leur progéniture. Mais je n'abandonne pas l'idée de découvrir le fin mot de l'histoire.

Quelques minutes plus tard, Audrey est de retour :

Mère indigne, mine de rien — Ça va, Audrey ?

Audrey, mine de rien — Oui !

Chuchotements dans le sous-sol.

Bah, me dis-je. Les autres peuvent bien se taire, je finirai par tirer les vers du nez à Fille Aînée. Ayant été fille unique pendant 6 ans, elle n'a pas développé aussi bien que d'autres la capacité à déjouer l'Inquisition maternelle. Enfin, c'est ce que je croyais.

En soirée, alors que je donnais le bain à Bébé, Fille Aînée entre dans la salle de bain pour satisfaire une envie pressante. Ça y est ! Mon témoin est captif, je peux le questionner à loisir.

Mère indigne — Pourquoi Audrey devait-elle aller aider Véronique tout à l'heure ?

Fille Aînée — Ah, c'est à cause du vélo qu'on a volé, elle voulait voir à qui c'était.

J'ai tout à coup un pressentiment terrible.

Mère indigne — Quand tu dis « on a volé un vélo »...

Fille Aînée, d'un ton horrifié — Pas nous !

Malheur ! C'est bien ce que je croyais. Fille Aînée est la seule Québécoise à utiliser le « on » correctement, en excluant la personne qui parle.

Fille Aînée poursuit — C'est un vélo qui avait été volé et les filles l'ont mis là et puis Audrey a fait semblant qu'elle avait un bras cassé mais moi je ne la croyais pas mais là ils voulaient savoir qui viendrait le prendre.

Mère indigne — Tout cela est limpide. Mais à qui est ce vélo, en fait ? Et pourquoi Audrey avait-elle besoin de notre balai ?

Fille Aînée au supplice, se tortillant et regardant vers la porte — Ben, je sais pas, puis de toute façon je venais juste ici faire un p'tit caca.

Mère indigne — J'avais remarqué.

Et Fille Aînée de se sauver en courant, laissant dans son sillage un parfum… de conjectures.

Épuisée par toutes ces dérobades, je n'ai pas cherché à en savoir plus.

Mais, depuis hier, je garde le balai dans un endroit connu de moi seule. Toute personne voulant l'emprunter devra se soumettre à un interrogatoire sans pitié.

Qu'on se le dise : le parent vaincra.

Commentaire (1) :

Prof Maudit dit :

En tant que prof, je suis confronté quotidiennement à la cryptomanie infantile exposant 25 puisque chaque élève a sa variante propre. La cryptomanie scolaire est beaucoup plus secrète et complexe, composée de mots choisis sur un schème en constante évolution et de variances d'intonation, l'ensemble appuyé d'un non-verbal saisissant emprunté à un numéro du Cirque du Soleil ou à une race d'aliens gesticulants de Star Trek. Devant cette quantité effarante de codes, les enseignants ont développé moult stratagèmes, pièges, interrogations et tractations pour arriver à leurs fins et les coincer d'une manière tout à fait inhumaine. Et ce pour avoir réponse à des questions aussi banales que «Où est ton devoir ?» ou «Peux-tu m'expliquer comment ça se fait que ça te prend 30 minutes aller aux toilettes ?» J'utilise également mes nouveaux pouvoirs démoniaques pour apprendre ce qu'ils ont fait la fin de semaine chaque fois qu'ils me répondent «Rien de spécial». Il existe malheureusement un code d'éthique très strict qui m'empêche, chère Mère indigne, de partager cette science avec vous. Bon courage dans vos décryptages !

Vert luisant, une fiction cathartique

Madame est à l'épicerie, avec Bébé qui rechigne sans arrêt depuis le matin.

Madame porte un col roulé noir, des jeans et des souliers-pantoufles, seule tenue adéquate quand elle n'a pas le temps de prendre sa douche et que ses cheveux sont en bataille, même après avoir été coiffés (avec les doigts).

Madame évite les miroirs et respire len-te-ment.

Bébé, lui, porte en permanence un filet de morve au nez, d'un vert qui n'a jamais été vraiment tendance. Mais Bébé s'en fout des tendances. Il rechigne et produit encore plus de morve; son but dans la vie est de noyer Madame sous ses déjections nasales. Il est d'ailleurs en bonne voie d'y arriver: le chandail de Madame en témoigne à hauteur d'épaule, ainsi que son jean au milieu de la cuisse. Ça reluit, et on sent que ce n'est pas du 24 carats.

Madame a très, très hâte 1) que l'épicerie soit finie, 2) que Monsieur rentre du boulot et 3) que Bébé atteigne sa majorité.

Un employé de l'épicerie, qui fait monter la moyenne d'âge du personnel à environ 25 ans (les quatorze autres en ont environ 17), s'avance vers Madame d'un air jovial. Il a l'air de passer une journée fantastique. Madame le déteste déjà.

— Bonjour ma p'tite Madame! Avez-vous un p'tit goût d'sucré c't'après-midi?

Madame jette un coup d'œil sur les produits de l'érable disposés sur un étalage que lui pointe l'employé. Elle sait que, si elle y goûte, 1) elle en aura dans les cheveux, elle ne sait trop comment mais c'est certain; 2) Bébé en aura dans les cheveux, elle ne sait trop comment mais c'est certain; 3) elle cassera la gueule de l'employé, elle sait comment et c'est sûr et certain.

— Non, je vous remercie.

Elle esquisse le sourire de quelqu'un qui a croqué dans un citron et s'apprête à s'éloigner. Mais l'employé, manifestement un fétichiste de dames malpropres et de poupons morveux, n'a pas dit son dernier mot.

— Ah, pis le ti-bébé, comment y va le ti-bébé?

— Mal.

— Y va mal, le ti-bébé?

— Oui.

— Y veut-tu du sucré sur sa su-suce, le ti-bébé?

— NON.

— Vous y en donnez pas?

— NON.

Le ton de Madame signifie clairement: «Laisse ti-bébé tranquille, c'est pas toi qui paye les frais de dentiste.»

L'employé s'approche de ti-bébé.

— Alllllô ti-bébé! Comment ça, ta maman dit que tu vas mal?

Après avoir toisé l'individu pendant quelques secondes, Ti-bébé rend son jugement:

— Oooouiiiiiiiiiiiiiiiiiiiiiinnnnnnnnnnnnnnnnnnnn!!!!

L'employé bat en retraite et murmure d'un ton plus sobre: «Ah, ben oui. Y va pas bien.»

Madame respire len-te-ment. Elle sort ti-bébé du panier et le dépose dans les bras de l'employé jovialiste.

— Va voir le monsieur, chéri. Il veut te donner du sucré, et pourquoi pas, hein ?

Dans les bras de l'employé, Bébé hurle à fendre l'âme et l'homme, ahuri, le rend précipitamment à Madame. Mais pas assez précipitamment pour éviter la longue traînée de morve sur son sarrau blanc, substance d'un vert qui ne s'accordera jamais très bien avec les produits de l'érable.

— Mon Dieu, Monsieur ! Je suis désolée. Bébé n'était pas dû pour du sucré, aujourd'hui. À une prochaine fois, j'espère !

Mais l'employé n'a pas entendu. Il frotte avec énergie son sarrau blanc, là où ça reluit, et marmonne ce qui ressemble à quelques mauvais mots. Mais Madame a sûrement mal entendu.

Elle s'éloigne avec Bébé qui, tellement soulagé d'être revenu dans les bras de maman, se décide à faire meilleure figure pour ne pas finir dans un panier en osier sur les marches de l'église.

Et pour Madame aussi, ça va beaucoup mieux, merci.

À propos de cette grossesse
Quoi de neuf, docteur ? *(inédit)*

Entrevue accordée par un gynécologue à Mère indigne, alors grosse de son deuxième enfant :

— Cher docteur, dans votre grande sagesse, dites-moi, m'est-il permis de boire du café pendant ma grossesse ?

— Oui, chère madame. Votre tasse de café matinale ne nuira en rien au déroulement de votre tâche sacrée.

— Ô, grand prêtre de l'utérus, puis-je boire autre chose que du café pendant ma grossesse ? Dans le sens de... Vous savez... Du bon vin qui endort avant que l'amour, etc. ?

— Petite coquine ! Cessez de me marteler de ces clins d'œil à faire fondre un iceberg...

— Cher imam placentaire, vous savez bien que, de nos jours, un rien les liquéfie, les pauvres icebergs.

— Moui. Cela est vrai. Mais pour revenir à nos moutons, chère disciple au ventre prolifique, vous parliez bien d'alcool, je présume ?

— Voui.

— Eh bien, cette substance vous est tout à fait proscrite. J'insiste.

— Vous insistez ?

— Bon, puisque vous insistez, je vous dirai tout. Il arrive à mes consœurs gynécologues, lorsqu'elles sont enceintes, de lever le coude.

— Noooon ?

— Moui. Un verre à l'occasion, de temps en temps, par-ci par-là. Ne comptez pas sur elles pour l'admettre mais je les ai vues, toutes autant qu'elles sont. Aucune n'a jusqu'à maintenant résisté à un petit muscadet.

— Je sens venir un « Mais ! »

— Mais !

— Je le savais !

— Mais, les trois premiers mois, point d'alcool tu ne prendras.

— C'est que, vous voyez, tant qu'à boire, je préférerais le faire les trois premiers mois, pendant que ça ne se voit pas. Ensuite, lorsque ma silhouette portera le témoignage de mon saint état, la vue d'un verre d'alcool combinée à celle de mon ventre gorgé de vie déchaînera l'opprobre public. Qui me terrifie.

— Soyez encore plus terrifiée des effets que pourraient avoir quelques gouttes du nectar interdit sur le périmètre crânien de vos héritiers, légitimes et autres.

— D'accord, détective de mes entrailles, je vous obéirai. Avant trois mois, point de rien du tout de malsain.

— Bien.

— Sushis ?

— Non merci.

— Je veux dire : puis-je manger des sushis pendant ma grossesse ?

— Ah, ça, non ! J'insiste !

— Vous insistez ?

— Ah, ça, oui ! Vraiment ! Le poisson cru pourrait contenir des platadis virulents qui pourraient gribouler votre bébé dans le conduit substrique et fébriler à tout jamais son aspérus. Extrêmement dangereux.

— Et les probabilités d'un tel griboulage fébrilant se chiffrent à...?

— Un pourcentage impossible à percevoir à l'œil nu, mais-qui-veut-prendre-le-risque-c'est-votre-bébé-adoré-et-sans-défense-après-tout!

— Et les Japonaises, elles font quoi?

— ...

— Merci, docteur, pour cette éclairante entrevue. Sayonara.

À bas le bouchon muqueux! *(inédit)*

Le bouchon muqueux, moi, je suis contre.

J'entends déjà le concert de voix féminines qui s'élève autour de moi: «Voyons, Mère indigne, le bouchon muqueux, on ne peut pas être contre! C'est là, ça existe, c'est un fait... Ce serait comme être contre, on ne sait pas, nous, les dents!»

Premièrement, qu'est-ce qui vous dit que je ne suis pas contre les dents? Et deuxièmement, j'ai une mauvaise nouvelle pour vous. Votre réaction m'indique que vous êtes vous aussi victimes de la conspiration des bouchons muqueux.

D'abord, c'est quoi, un bouchon muqueux? (Ça, c'est l'autre concert de voix, les masculines, qui s'était élevé en premier pour poser la question mais que j'avais délibérément choisi d'ignorer.) Hé bien le bouchon muqueux, Mesdames et Messieurs, ce n'est pas seulement la grosse masse de mucus morveux qui protège l'entrée de l'utérus lors de la grossesse, c'est aussi et surtout une mauvaise blague pour les femmes enceintes. Car, dans le folklore de la grossesse, perdre son bouchon muqueux est censé signifier que l'on va accoucher incessamment, sous peu.

Ah, ah, ah, la bonne blague.

Imaginez: vous êtes enceinte du cou jusqu'aux genoux. À huit mois et trois quarts de grossesse, vous êtes quasi paralysée, n'ayant et ne pouvant avoir d'autre distraction que le jeu de solitaire sur l'ordinateur. Vous n'en pouvez plus de jouer au solitaire sur l'ordinateur.

Mais non, c'est vrai, vous avez un autre passe-temps. Il consiste à aller aux toilettes aux quatre minutes pour y laisser échapper trois ou quatre gouttes de pipi. Cinq au maximum. Pendant la grossesse, votre ventre est en effet devenu une cour d'école où sévit un grave problème de taxage: votre bébé-tyran s'amuse à terroriser votre vessie. La peur a rendu cette dernière minuscule; elle se terre dans le petit coin qui lui reste et reporte toute sa hargne sur vous, en vous forçant à vous réfugier, à votre tour, au petit coin. Toutes les quatre minutes. Pour presque rien.

Bref, après avoir retourné quelques cartes du maudit solitaire, vous allez aux toilettes.

Et c'est là, Mesdames et Messieurs, que vous faites la rencontre du bouchon muqueux.

Bon, oui, c'est une grosse masse de mucus morveux, c'est dégueulasse, mais en même temps vous avez lu tous les bouquins, vous avez vu toutes les photos sur Internet (oui, oui!), et vous savez ce que ça signifie: «Le bouchon muqueux précède de quelques heures ou de quelques jours le déclenchement du travail.» Le déclenchement du travail! L'accouchement! La libération!!!

Juste le nom, d'ailleurs, vous rend de bonne humeur. Un bouchon! Quand ça saute, un bouchon, qu'est-ce qu'on fait? On boit le champagne, pardi! Votre bouchon sauté, Bébé ne se tiendra plus de joie, il voudra quitter son espace de jeu devenu tout rikiki et viendra allégrement s'amuser dans la cour des grands! Donc, ailleurs que dans votre ventre! Adieu, solitaire! Adieu, pipis incessants!

Vous appelez votre mari (« C'est quoi, un bouchon muqueux ? Ah, oui ? Ah, bon. C'est fantastique, mon amour. Enfin, je crois. ») Vous appelez vos amies, votre mère (« Tu as perdu ton bouchon muqueux ? GÉ-NIAL ! J'espère que ta valise est prête ! Moi, quand j'ai perdu le mien, j'étais à l'hôpital trois heures plus tard. »). Vous exultez. Vous faites votre valise.

Et vous attendez.

Vous attendez.

Et vous attendez encore.

Et encore.

Treize jours de solitaire sur l'ordinateur et quatre cents allers-retours aux toilettes plus tard, vous êtes en salle d'accouchement. Le bébé est en retard, il faut provoquer.

Vous pourriez tout aussi bien avoir lu l'avenir dans votre bouchon-muqueux-censé-précéder-l'accouchement-de-quelques-heures-ou-de-quelques-jours ou l'utiliser pour choisir vos numéros chanceux à la loterie. Vous auriez sans doute eu de meilleurs résultats.

Oui, on peut être contre le bouchon muqueux. Le bouchon muqueux est un traître. Mon conseil ? La prochaine fois que vous le voyez, soyez sans pitié. Tirez la chasse sans même regarder en arrière.

C'est vraiment tout ce qu'il mérite.

L'information c'est le pouvoir, coco

(4 commentaires)

Ce n'est pas tout le monde qui en parle, mais c'est dans l'air du temps. Vous savez, ze grand tabou, celui qui fait se retrousser les nez et démissionner les présidents de conseil d'administration?

Oui, oui, il est bien question ici du coco. (C'est tellement tabou, vous m'excuserez, j'ai remplacé les « a » par des « o ».)

C'est fou, quand même. On peut parler de vibros, de barjos, des masos et de leurs sados, on peut discuter Guantanamo et même tricot, mais quand il s'agit du coco, c'est l'omerta.

Je ne parle pas ici des cocos de bébé, non. Ceux-là, contrairement aux autres, n'ont rien de tabou. N'importe quel bouquin consacré à l'élevage de nos poussins nous parlera en long et en large de la couleur de leurs cocos, de leur consistance, de leur quantité par jour et de leur masse par couche selon ce qu'ils ont bu et mangé, ou selon quel épisode de Caillou ils ont regardé la veille. Rien ne nous est épargné.

Par contre, nous, les mères, nous sommes confrontées à l'expérience d'un vrai coco tabou. Je parle du coco secret, humiliant, auquel pas un seul de ces livres hypocrites qui nous invitent à accepter notre douleur ne nous prépare: le coco de l'accouchement.

Inutile de nier, on est toutes passées par là. Souvenez-vous, vous êtes à l'hôpital, vous contractionnez comme une folle depuis des heures, vous n'en pouvez plus d'attendre le moment béni où une infirmière viendra vous tripoter le col pour s'exclamer enfin, enfin!, que «Madame, vous êtes à 10, vous allez pouvoir commencer à pousser». Vous attendez, vous souffrez, vous sacrez, tout ça dans l'ordre, dans le désordre et en simultané, quand soudain… vous avez envie. Genre, vraiment envie? Et c'est là que vous entrez dans la *twilight zone*.

Vous: «Infirmière, je, euh, je crois que j'ai envie.»

L'infirmière, d'un air sournois: «Ah, ah! Je vais vous examiner.»

Vous examiner? Mais pourquoi? Vous avez juste envie! Le hic, c'est que dans l'imaginaire délirant des infirmières en obstétrique, on ne peut jamais avoir simplement envie. L'infirmière et Freud, même combat: que vous le vouliez ou non, votre envie en cache une autre. «Vous avez envie de coco? Mais non, Madame, vous n'y connaissez rien. Vous n'avez pas envie de coco, vous avez juste envie de pousser pour faire sortir votre mignon bébé tout rose.» Ah oui? Ah bon.

Alors, vous poussez. Après tout, c'est vrai que vous avez envie d'un mignon bébé tout rose. Et là… Mon Dieu. L'innommable. Vous essayez de vous retenir, mais avez-vous déjà essayé d'inspirer par une narine pendant que vous expirez par l'autre?

Vous jetez un coup d'œil catastrophé à votre mari qui, lui aussi, attend le mignon bébé tout rose. Vous voyez qu'il voit. Tout. Il s'empresse de regarder ailleurs, mais le mal est fait. «Mon couple est mort», vous dites-vous, plongée dans un abysse de honte et de misère. Et vous comprenez soudain pourquoi on gardait les hommes hors de la salle d'accouchement dans le bon vieux temps.

L'infirmière, elle, vous essuie les fesses comme si c'était toujours comme ça. Vous : « Je... Je suis désolée ! Excusez-moi ! Vraiment, je... »

L'infirmière, d'un ton légèrement méprisant pour la débutante que vous êtes : « Ça va, c'est toujours comme ça. »

Ah oui ? Ah bon ???

Eh oui, les amis. C'est toujours comme ça. C'est toujours comme ça, mais personne ne nous le dit.

À mon second accouchement, j'étais prête. J'ai poussé, il y eut des dommages collatéraux, mais j'ai déclaré à l'infirmière d'un ton léger : « C'est toujours comme ça, hein ? » En soupirant, elle m'a répondu que « oui, pour moi aussi, ça a fait ça à mes trois accouchements. Je me demande pourquoi personne n'en parle. »

Hé bien, voilà. C'est fait. Ensemble, on a levé l'omerta. Dorénavant, vous aussi pourrez un jour plaisanter gaiement avec l'infirmière qui vous essuiera le popotin après un coco en direct.

On dira ce qu'on voudra, c'est beau, l'accouchement.

Commentaires (4) :

Véronique dit :
Je ne suis même pas une future maman (j'espère quand même le devenir), et pourtant c'est une question que je m'étais déjà posée ! Je me disais que ce serait logique qu'il arrive ce genre de truc, non ? Maintenant j'hésite entre manger léger avant l'accouchement et ne pas avoir d'enfants, finalement...

French Lily dit :
Quel soulagement de voir confirmer ce que je croyais : en 35 000 ans d'humanité je ne pouvais pas être la seule à qui ça arrivait !

Madame Chose dit:

Je comprends TELLEMENT maintenant pourquoi Matante Chose me disait: «Tu vas avoir un beau cocooooo! As-tu hâte d'avoir ton beau cocoooo? Heille, un beau ti-cocooooo!» Moi je pensais naïvement qu'elle faisait référence à ma date prévue d'accouchement qui coïncidait avec Pâques.

Jeanne dit:

Merci mon Dieu, j'ai adopté...

Le péril périnéal:
lettre à nos amis abitibiens *(inédit)*

Chers amis abitibiens,

Trop absorbée, l'été dernier, par la voix d'or de votre Toutou chantant, j'ai complètement oublié de vous parler du périnée (voir Les aventures d'un toutou chantant, p. 161). Vous savez, le périnée?

En fait, je dis «vous savez, le périnée?» alors que j'ai toujours moi-même été un peu confuse à son sujet. Bon, le périnée est un muscle de la région de la bobette, présent chez tous les êtres humains (je n'ai pas vérifié, mais c'est ce qu'on dit dans les hautes sphères). Le périnée se révèle être, et c'est tout à son honneur, un allié naturel dans la rétention du pipi en soutenant vaillamment sa camarade la vessie, même dans les situations les plus adverses (exemple: vous devez désespérément faire pipi depuis plus de deux heures mais vous êtes pris dans une discussion sportive palpitante – ça ne m'est jamais arrivé, mais qui suis-je pour juger?). Vous comprendrez alors qu'un relâchement du périnée est une épreuve dramatique, car il entraîne dans son sillage la démission de la vessie; celle-ci a alors toute liberté de s'affaler devant votre télévision intérieure sans plus se soucier de vous voir mouiller votre petite culotte en pleine entrevue d'embauche.

Personnellement, je n'avais jamais réellement eu à me préoccuper du périnée avant de tomber enceinte. Mais, une fois que se mirent à germer, dans mon corps devenu temple sacré, les fruits d'un amour légitime, certaines lectures me convainquirent de me pencher discrètement sur cet organe.

Comme vous aurez bientôt l'occasion de le constater, mes chers amis abitibiens, ce fut un exercice périlleux et, pour finir, inutile.

On me conseilla vivement de faire des «exercices péri-néaux prénataux». En gros, on aurait voulu que je me contrac-tionne vigoureusement le muscle du milieu environ cinq cents fois l'heure, six heures par jour, sous prétexte de le rendre tout beau et tout ferme avant le passage en grandes pompes de nos héritières. Et non seulement fallait-il contracter, mais il aurait aussi fallu masser. Masser mon périnée? Je ne sais même pas encore où est mon point G!

Oubliant le massage en moins de temps qu'il n'en faut pour dire «huile d'amande douce», j'ai quand même essayé les contractions. Laissez-moi vous dire: c'est fatigant. Faites-le, juste pour voir. Allez, soyez chic: tous en chœur, une vingtaine de fois. Ho, hisse! Ho, hisse! Vous voyez bien, ce n'est pas de la tarte! En plus, si on décide de profiter de notre promenade matinale en métro pour exécuter discrètement lesdites con-tractions, on se rend compte que notre esprit est tout entier absorbé par nos basses œuvres. Impossible de penser à autre chose. Notre regard acquiert alors une qualité zombiesque, les gens qui nous entourent sont envahis par la crainte du terrorisme et, pour finir, on sort de notre transe cinq stations de métro trop loin. Et tout ça pour que l'accouchement le démolisse de toute façon, ce fichu périnée.

Bref, je me suis présentée deux fois en salle d'accouchement avec un périnée amateur. S'il a souffert, ce n'était certainement pas autant que moi.

Je croyais pouvoir à nouveau faire entrer mon périnée dans le royaume de l'oubli, mais, pour la nouvelle mère que j'étais, le combat se poursuivit. Les appels à la mobilisation se firent encore plus pressants. «Après l'accouchement, le mot-clé est renforcer, renforcer, et renforcer encore!», écrivait-on en lettres de feu dans tous les ouvrages de référence. «Ah oui?», brûlais-je de répliquer. «Renforcer encore, sinon quoi? Vous allez me dénoncer à la police?» «Mais non, pauvre imbécile. Sinon, ton plancher pelvien va rester tout usé et tu te mettras à uriner partout sans avertissement.» On me mettait en garde contre tout ce dont je n'avais jamais eu à me préoccuper auparavant: si je ne rééduquais pas correctement mon périnée délinquant, les éternuements, le rire, le sport et même les rapports sexuels étaient susceptibles d'être interrompus par des pipis intempestifs.

Mfff. Franchement. De qui se moquait-on?

Je décidai, animée d'une fougue révoltée, que je n'en avais rien à cirer, de mon plancher pelvien. Après tout, ce n'est pas comme si la visite pouvait voir qu'il accumulait la poussière! Et puis, on est au troisième millénaire, que diable! Si l'usure de mon plancher pelvien en venait à m'incommoder, on aurait qu'à installer à sa place du beau plancher stratifié, fini merisier, résistant à l'humidité, facile à nettoyer au chiffon doux et ne nécessitant ni cirage ni décapage. (Ou peut-être occasionnellement, selon Père indigne.)

Bref, mon périnée s'est débrouillé tout seul. Oh, j'ai bien connu quelques épisodes de «oups, j'ai éternué et je n'ai pas seulement besoin d'un mouchoir», mais c'est normal, tout ça, n'est-ce pas? On n'en fera pas tout un plat.

C'est normal.

Bon, on s'amuse bien, mais il n'y a pas que ça, dans la vie. Il faut que je me remette au travail. Alors je vous dis au revoir et – comment? Pourquoi je vous ai parlé du périnée, à vous, chers amis abitibiens? Ah. Oui. J'oubliais.

Je voulais juste vous dire que, l'été dernier, j'ai fait pipi sur votre trampoline.

J'ai des livres de blagues à la maison. Des livres de blagues pour les parents. Ils s'intitulent *Mon enfant: je l'attends, je l'élève* et *Mieux vivre avec notre enfant, de la naissance à deux ans.* On ne dirait pas des titres de livres rigolos, et pourtant! Une vraie mine de plaisanteries.

J'ai juste le temps d'une sieste de bébé pour vous en parler, mais voici les trois meilleures:

1) « Votre nouveau-né ne peut pas se forcer à rester éveillé, et, une fois endormi, rien ne peut le troubler, tant qu'il n'a pas eu son compte de sommeil. »

Les parents parmi vous se roulent déjà par terre de rire. En réalité, tout géniteur un tant soit peu expérimenté sait fort bien qu'un bébé fatigué ne dormira que s'il le veut bien (c'est-à-dire en tout dernier recours, lorsqu'on s'apprête à le coucher dans la poubelle — celle qui se trouve à l'extérieur). Et tout bon parent sait également que les bébés fatigués disposent, lorsqu'il est l'heure du dodo, d'une myriade de techniques de torture parentale. L'arme la plus atroce de leur arsenal a été baptisée « l'effet zombie » par les spécialistes (c'est-à-dire moi-même). « L'effet zombie » consiste, pour un bébé, à faire semblant de dormir puis à ouvrir brusquement d'énormes yeux sitôt qu'on le dépose dans son lit. La terreur alors ressentie par le papa ou la maman s'apparente au sentiment vécu lorsqu'un zombie se réveille soudainement dans un film d'horreur. Et encore : le zombie, lui, n'a jamais la couche pleine.

2) « Le bouchon muqueux est expulsé par le vagin avant ou pendant le premier stade du travail. »

Je sais, je vous ai déjà avoué ma haine du bouchon muqueux. Mais la supercherie a de quoi rendre si furieux qu'il me faut insister : le bouchon muqueux n'a aucune crédibilité, il fait strictement ce qu'il veut ! Pour prédire le moment de votre accouchement, autant vous fier sur les marques de café au fond de votre tasse.

Un ami bricoleur de Père indigne m'a déjà posé la question suivante : « Le bouchon muqueux, est-ce qu'on peut le remettre une fois qu'il est enlevé ? » Réponse : Si on essaie ça sur moi, je mords.

3) La palme d'or des remèdes contre la morosité, toutes catégories confondues, revient à cette déclaration : « Allaiter ne déforme pas vos seins. Ils grossissent puis diminuent, mais reprennent leur forme petit à petit après le sevrage. »

Petit à petit, comme dans trois ou quatre ans. Ou jamais, ah, ah, ah !

On se tient les côtes, non ? Comme la fois où je suis sortie d'une cabine d'essayage, quelques semaines après avoir cessé l'allaitement, pour me rendre compte que j'avais l'air d'une fille de six ans qui essaie les pulls de sa mère ! Oh, la la, on se marrait ! Même la vendeuse était morte de rire !

Pour tout vous dire, il y a même de l'écho dans mon haut de maillot rembourré ! Hi, hi, hi ! Hum.

À toutes celles qui, comme moi, comprennent depuis la fin de leur allaitement que les planches à repasser ont des émotions, je dédie cette complainte nostalgique :

Père Noël, père Noël,
Où sont mes bébelles ?
J'en ai eu, j'en ai plus
Mon décolleté me tue

Dors, dors, ma petite ᵷ*$%#@

Bébé est fatiguée. Crevée. Elle s'est levée à 5 heures du matin, a fait une sieste embryonnaire à 8 heures (sommeil très bref, elle avait une couche à remplir), et il est maintenant 10 heures. Elle n'en peut plus, et ça paraît.

Je la prends dans mes bras, m'installe dans la pénombre de sa chambre, commence à la bercer. Elle qui tombait de fatigue il y a trente secondes me fixe maintenant de ses yeux grands comme des soucoupes. D'un air narquois.

Pendant que j'entonne une berceuse, nos regards transmettent une tout autre chanson:

C'est la poulette grise (*Mère indigne* — Tu es fatiguée, chérie. Dors donc.)

Qui pond dans l'église (*Bébé* — Je suis prête à concéder une certaine fatigue.)

Elle va pondre un beau petit coco (*Mère indigne* — Mais pas à dormir?)

Pour Bébé qui va faire dodiche (*Bébé* — Qu'est-ce que tu en penses?)

Elle va pondre un beau petit coco (*Mère indigne* — Sois raisonnable. Tu vas tellement être de meilleure humeur après une bonne sieste !)

Pour Bébé qui va faire dodo (*Bébé* — Qu'est-ce qui te fait croire que je veux être de meilleure humeur ?)

Dodiche dodo (*Mère indigne* — Hum. Bon. Écoute. Peut-être que tu ne veux pas dormir, mais moi, j'ai besoin que tu dormes.)

Dodiche dodo (*Bébé* — Ooooh, dis donc, tu as vu l'affiche sur le mur ? Vraiment belle ! Qui l'a mise là ?)

C'est la poulette noire (*Mère indigne* — Tu m'entends ? J'AI VRAIMENT BESOIN QUE TU DORMES !!! Vraiment. Besoin. Que tu dormes.)

Qui pond dans l'armoire (*Bébé* — Bon, d'accord, je vais dormir. Mais c'est parce que tu es vraiment trop pathétique.)

Elle va pondre un beau petit coco (*Mère indigne retient son souffle.*)

Pour Bébé qui va faire dodiche (*Bébé* — Zzzzzz…)

Elle va pondre un beau petit coco (*Mère indigne* — Youppi !!! Victoire ! Je t'ai eue ! Gna gna gna gna gna ! Allez, au lit, poulette ! Ta mère est peut-être pathétique mais elle a quand même gagné ! Wouhouuuuu !)

Pour Bébé qui fai-euh dodo-euh

Dodiche dodo

Je me lève doucement, savourant la respiration profonde de Petite Chérie Bis. Un 10 minutes de lecture sérieuse, et ensuite, Lawrence Block, je suis à toi ! (En plus, je suis sur le point de deviner qui est l'assassin.)

Délicatement, je dépose Bébé dans son lit. Qui se met à me fixer de ses yeux grands comme des soucoupes. D'un air narquois. *Tu pensais peut-être m'avoir bernée, mais j'ai gagné.*

Tu m'entends ? J'ai gagné.

Je pense que je vais réviser cette politique d'endormir Bébé dans la chaise berçante afin de profiter de la douceur de ces premières années qui passent si vite. Je ne crois pas que je pourrai supporter ce genre de mépris encore longtemps.

Dodo confession

J'ai déjà endormi
Bébé en
chantant
«Au clair de la
lune, j'ai
pété dans l'eau»

parce que je n'en
pouvais plus de la
version originale.

Vacances à Cuba (Guantanamo)

Avez-vous déjà entretenu un petit doute quant à la franchise des parents quand ils affirment, à l'unanimité, qu'ils préféreraient mille fois mieux être eux-mêmes malades plutôt que leurs enfants? Eh bien, croyez-moi, c'est vrai à cent pour cent. En ce moment, Bébé a un gros rhume, et je ne vous dis pas ce que je donnerais pour être à sa place.

Non mais, sérieusement: nous, les adultes, on sait comment profiter de la maladie. Un gros rhume? Hop! Au lit, sous une couette épaisse. Objectif: somnoler toute la journée en geignant de temps à autre pour montrer que ça va vraiment, vraiment mal. Se laisser bichonner, mais pas envahir. Percevoir dans le lointain quelques chuchotements attentionnés (« Viens, on va laisser Maman tranquille, elle est malade»). Parfois, allumer la petite lampe pour lire deux ou trois pages de notre roman policier en cachette. Pour faire un peu d'exercice, se traîner jusqu'à la salle de bain et s'éterniser dans un bon bain brûlant. S'endormir dedans. Et, enfin, pouvoir s'adonner en toute légitimité à l'engourdissement bienfaisant que procure la reine des drogues: le Néo-Citran.

Les enfants, eux, ne savent pas comment être malades. Les bébés sont les pires.

Un bébé malade est comme un prisonnier à Guantanamo : il sait qu'il est en prison, mais il pourrait jurer qu'on n'a aucune raison légale de le maintenir là. Mais le pire, évidemment, c'est la torture. C'est d'avoir à affronter, 42 fois par jour, le frottement d'un mouchoir toujours rêche, peu importe le nombre de plis et la quantité de lotion qu'il contient supposément. C'est de se faire envahir la cavité nasale par des giclées de Salinex, puis de se faire enlever la morve ainsi générée à l'aide d'une pompe qui doit être insérée aux 9/10e dans la narine. C'est, Dieu les aide, de se faire prendre la température à chaque changement de couche au moyen d'une méthode absolument révoltante. Et tout ça, jour et nuit, sans que Bébé comprenne que tout cela sert bel et bien à quelque chose.

« C'est pour ton bien. » Que cette expression résonne cyniquement aux oreilles d'un bébé pour qui la vengeance ne peut passer que par le biais d'un régurgit sur un habit de soirée, alors qu'il se meurt de pouvoir nous balancer un coup de karaté dans les parties.

Et on ne peut pas y échapper : c'est nous, les parents, qui devons jouer au bourreau. Et nous devons le faire avec les moyens limités que la Providence et Johnson & Johnson veulent bien nous offrir. Ce qui m'amène à ma montée de lait de cette semaine, intitulée « Voulez-vous bien me dire pourquoi, en 2006 ».

Non mais, voulez-vous bien me dire pourquoi, en 2006, la seule manière qu'on ait trouvé d'adoucir les soins aux enfants malades est de leur mettre du fichu arôme de raisins dans leurs médicaments ? On ne pourrait pas inventer, pour déboucher en douceur le nez de bébé, une doudou qui fleure délicatement le Vicks ? Une poudre à éternuer doublée d'un léger gaz hilarant ? Une pompe ultra-puissante qui aspirerait les sécrétions (a.k.a. la morve) à distance ? Des mouchoirs en papier *vraiment* doux ?

Et surtout, peut-on s'entendre pour dire que le thermomètre rectal, ça devrait être vendu seulement dans les sex-shops ? Pourquoi les thermomètres d'oreille, ça marche pour les jeunes enfants, mais pas pour les bébés ? Vous dites ? Le bout est trop gros, ça n'entre pas bien dans l'oreille et ça ne donne pas une lecture juste de la température ? Heille, ça doit être tout un défi technologique d'en fabriquer un avec un bout plus petit !

(En plus, à la maison, nous avons la pire race de thermomètre rectal qui soit. Électronique, il est ultra-sensible, mais pas à la température. Sitôt que Bébé remue le popotin, le thermomètre se met à biper comme un fou et refuse d'indiquer le moindre degré Celsius. Franchement, celle-là, je ne la comprends pas. Quand on va dans une discothèque, évidemment, c'est bruyant, mais est-ce que ça va nous empêcher de dire s'il y fait chaud ou non ???)

Bon, voilà, je m'énerve. Si ça continue, je vais finir par tomber malade.

Ouiiii, tomber malade...

Têtes chercheuses

Je ne sais pas combien il en coûte pour dresser des chiens renifleurs à détecter la drogue dans les bagages à l'aéroport, mais j'aimerais suggérer une solution beaucoup moins onéreuse: mettre plein de bébés au milieu d'une pièce, disposer les bagages autour, et voilà! Le tour est joué. Les petits poupons se dirigeront tout naturellement vers les valises dont le contenu est le plus dangereux.

Qu'ils sachent se traîner à quatre pattes ou non n'a aucune importance. Bébé peut se retourner? Si oui, il a acquis la capacité stupéfiante d'aller pratiquement où il veut – ou plutôt de rouler systématiquement vers l'endroit où il devrait le moins aller.

Tentez l'expérience sous une supervision serrée: installez-vous dans une pièce où se trouve un escalier qui descend. Posez bébé sur une aire de jeu, entouré de jouets colorés, et jalonnez le chemin vers l'escalier d'obstacles divers et massifs. Pensez balayeuse, panier à linge, divan trois places, etc. Bébé effleurera distraitement quelques jouets mais vous l'observerez bientôt les repoussant d'une moue dédaigneuse. Désormais, son instinct est aux commandes. De tâtonnements en roulements maladroits, se déplaçant de préférence à reculons pour brouiller les pistes, bébé se dirigera inexorablement vers l'escalier. Exceptionnellement, il se peut qu'il ne l'atteigne pas; mais cela se produira uniquement s'il essaie, en passant près de la balayeuse, de la démonter pour s'empiffrer du contenu du sac à poussière. (Il réussira, sans l'ombre d'un doute.)

Cette loi de la nature me fait remettre en question la pertinence de concevoir pour les bébés de jolis jouets, doux et colorés. Cet avant-midi encore, j'agitais devant Bébé une mignonne petite coccinelle rouge vif, à la tête jaune soleil et aux pattes vert tendre. Mais Bébé n'avait aucun regard pour elle et se contentait de me fixer d'un air blasé, regrettant, j'en suis certaine, de ne pas pouvoir mettre à nouveau la menotte sur l'alimentation de mon ordinateur, qu'elle avait tenté de gruger quelques minutes auparavant.

« Tu crois vraiment que je vais préférer ta coccinelle bigarrée et conçue spécialement pour moi à un fil noir dont la manipulation pourrait m'être fatale? Tu rêves en couleur! »

Conceptuellement, un épais fil noir ou gris relié à un simulacre de fiche électrique (important pour l'impression de risque accru) ne serait probablement pas vendeur auprès des parents, mais je suis convaincue que les 0-12 mois en raffoleraient.

Ça, ou une imitation d'X-acto.

C'est décidé: si ce bouquin est un flop, je me lance en affaires.

Du premier au second: la sortie de Maman

(1 commentaire)

Premier bébé:

« Bon, chéri, je t'ai préparé l'horaire de Bébé. Il est sur la feuille ici, mais je l'ai aussi mis en fond d'écran sur l'ordi au cas où tu le perdrais.

D'habitude, Bébé soupe à 5 h 45. Il faut mettre son plat (dans le frigo, plat bleu, couvercle blanc, tablette du haut à gauche) 28 secondes dans le micro-ondes. Bon, ça peut être entre 25 et 30 secondes, mais 28, c'est vraiment l'idéal.

Ton souper est aussi au frigo. J'ai préparé l'assiette, tu as juste à la faire chauffer. J'espère que tu auras le temps de souper, pauvre chou.

Je sais que Bébé n'a pas été malade depuis deux mois, mais juste au cas où, je t'ai mis le thermomètre sur la table à langer. J'ai collé un Post-It dessus avec la température maximale normale. Si sa température est haute, tu lui donnes du Tempra. Un point vingt-cinq millilitres. J'ai aussi noté ça sur le fond d'écran. Oh, zut, j'ai oublié de sortir le Tempra de la pharmacie! Tu crois que ça ira? Oui? T'es sûr? Écoute, peu importe, le voilà.

S'il y a quoi que ce soit, tu m'appelles, hein? J'ai le cellulaire dans ma poche arrière au volume le plus élevé de sonnerie *et* en mode vibration. Tant pis si ça sonne pendant le film. Ce sera une urgence. Au cas où le téléphone ne fonctionnerait pas même si je l'ai mis en recharge pendant les dernières 48 heures en prévision de ce soir, le numéro du cinéma est le…

Ça va, t'es sûr? Un peu stressé? Oui, moi aussi. Pfiou. Bon, je dois y aller, là. Bisou.

T'es sûr que ça va aller? Je vais marcher lentement pour m'en aller, tu pourras me lâcher un cri au cas où…

Bon, oh la la. OK, j'y vais. Bisou.

… Regarde, essaie donc de m'appeler sur le cellulaire avant que je parte, comme ça on sera fixés. Whoa! Ça marche!

Je serai partie au maximum pendant deux heures et demie, OK? OK? Bon, OK. Bisou. »

Et Maman s'en va, du plomb dans les souliers. Elle a délaissé son mari et son bébé. La vie est sombre, elle a oublié que la musique existe.

Elle tend l'oreille le plus longtemps possible afin d'entendre de probables appels au secours, puis elle va se ronger les ongles au cinéma.

Le film est interminable.

Second bébé:

« OK, les p'tits choux, bye! Faut que j'y aille, sinon je vais rater le bus!

Le souper du bébé? Hoffff, écoute, dans le frigo, là… Ou dans le congélo… Des affaires… Tu lui donnes, heu, quand elle a faim?

Votre souper, à Fille Aînée et toi? Je m'en f… heu, j'veux dire, de la pizza?

Si elle est malade? Hofff, y'a du Tempra en quelque part. Je pense. Mais ça fait deux mois qu'elle n'a rien eu. Faut pas virer fou, hein.

De toute façon j'ai le cellulaire. Je crois.

Bon, allez, je dois – quoi, encore??? Un bisou? Oh... mais... mais oui, mes amours! Où avais-je la tête, ah, ah, ah!...

Bon, eh bien, ciao! Amusez-vous bien!

En passant, je vais probablement rentrer tard.»

Et Maman s'en va en courant à l'arrêt de bus. Des passants peuvent l'entendre fredonner, à la manière de Michèle Richard, «Je suis libre, n'essaie pas de changer mes projets, je suis libre, la la la la...»

Le téléphone cellulaire, lui, a les batteries à plat. Mais ça ne change pas grand-chose, puisque Maman l'a oublié à la maison au fond du sac à couches.

Et le film est vraiment, mais alors là vraiment, super bon.

Commentaire (1):

Marie-Lorraine dit:
Comme disait mon Mammouth chéri, au troisième, bien installés au cinoche, vous vous demanderez, l'air un peu hagard: «Dis, c'est pas toi qui devais rester avec les enfants?...»

C't'une fois deux mères

(1 commentaire)

Euh, c'est ta sandale?
— Non, c'est celle de ma mère. Elle a laissé sa vieille paire ici l'autre jour après m'avoir aidé à faire mon parterre.

— C'est parce que... ton bébé la mange.

— Hum. Oui, je sais.

— Ça ne te dérange pas?

— Si ça me donne vingt minutes de paix pour prendre un café avec toi, ça me fait même plaisir.

— Vu comme ça...

— Elle vide les boîtes de mouchoirs, aussi. Pour deux et soixante-neuf plus taxes, j'ai un bon quarante-cinq minutes de tranquillité. Avec un bébé, on parle d'une petite éternité.

— Mais c'est du gros gaspillage!

— Mais nooooon! Quand elle a fini, je remets les mouchoirs dans la boîte et on s'en sert quand même. C'est pas un peu de bave ici et là...

— Tu n'as pas songé à lui donner toujours la même boîte pour qu'elle la re-vide?

— J'ai essayé. Elle aime mieux vider les boîtes neuves.

— Bref, « ce que bébé veut, mère le veut ».

— Non, c'est plutôt « la fin qui justifie les moyens ».

— Mettons. Mais... avoue que le coup de la vieille sandale...

— Ça ne développe pas des anticorps ?

— Peut-être, mais c'est franchement dégueu.

— « C'est franchement dégueu. » On ne dirait jamais que tu as deux enfants, toi.

— Tu laissais Fille Aînée manger des sandales sales ?

— Es-tu folle ! Pas ma première ! J'étais assez maniaque.

— Alors que ta deuxième, elle peut bien manger les sandales de l'Univers...

— Pas du tout, pas du tout. Juste les sandales des membres de ma famille. Faut pas charrier.

— Ça veut dire que, si jamais t'as un troisième enfant...

— Hou ! Les possibilités sont infinies.

— « All you can eat. »

— You bet !

— En tout cas, juste au cas où, comme on est amies...

— Tu me gardes tes vieilles sandales ?

— Promis.

Commentaire (1):

Gaalbs dit:

Ici, au Danemark, on proclame haut et fort que nos enfants doivent avaler sept kilos de crasse par an pour pouvoir s'immuniser contre tout et n'importe quoi, alors Victor qui léchait les semelles de mes sandales comme des sucettes est désormais paré à tout... Et pour être sûre qu'il ne manque de rien, je laisse aussi traîner les petits pois par terre après le dîner. Il est gâté, je vous dis !

À la guerre comme à la guerre (*inédit*)

N'importe quel samedi matin, aux aurores. Après le silence bienfaisant de la nuit, la maisonnée entonne le refrain du réveil.

Bébé — Badabadidoudou... Allôôô...

Mère indigne — Mmmmm... Chéri, Bébé est en train de se réveiller... As-tu bien dormi?

Père indigne — Mmmmm... Hein, quoi? Il est quelle heure?

Mère indigne — Six heures. As-tu bien dormi?

Père indigne — Comme on a coutume de le dire, je *dormais* très bien.

Mère indigne — Ah! Tant mieux pour toi. Moi, j'ai vraiment passé une nuit horrible.

Père indigne — Ah, bon?

Mère indigne — J'ai été redonner la suce à Bébé à minuit.

Père indigne — J'y suis allé à deux heures du mat'.

Mère indigne — Oui, mais moi ça m'a pris une heure et demie à me rendormir.

Père indigne — Oui, mais moi je lui ai aussi donné un biberon à quatre heures.

Mère indigne — Ah.

Silence satisfait de Père indigne, qui pense avoir avancé l'argument décisif. Dans la chambre de Bébé, les piaillements se font plus insistants : « BABADAaaaaaaAh ! Allôôôô ? ALLÔÔÔ ??? »

Mère indigne — Mais… Tu oublies que c'était ma fête samedi dernier.

Père indigne — Et alors ?

Mère indigne — Alors ? Il a fallu que je me lève quand même, le jour de mon anniversaire, parce que tu avais eu le nez bouché toute la nuit. Soi-disant.

Père indigne, indigné — Soi-disant ??? Je n'avais pas dormi de la nuit !

Mère indigne — Justement ! C'est à mon tour, cette nuit, d'avoir atrocement mal dormi ! En plus, quand je ne faisais pas d'insomnie, je rêvais que tu me quittais pour une blonde et que tu riais, tu riais…

Père indigne — Bon, ça recommence. Pourrais-tu m'expliquer pourquoi, dans les rêves que *tu* génères *toi-même*, faut-il le rappeler, tu me personnifies toujours comme un méchant sans cœur ?

Mère indigne — Peut-être parce que tu ne veux pas te lever le matin ?

Bébé — Allô ? AllôôôÔÔÔAAAAHHH ? Wouiiiinnnn !

Les deux adultes ignorent les cris impatients du poupon. L'atmosphère est tendue à l'extrême. Père indigne y va de sa contre-attaque.

Père indigne — Tu te souviens, il y a un mois ?

Mère indigne — Quoi, il y a un mois ?

Père indigne — Je me suis levé le samedi *et* le dimanche parce que tu avais fait de l'insomnie.

Mère indigne — Bon, tu ressors des histoires d'il y a un mois. Et puis quoi, encore ? Si tu veux faire dans la réminiscence extrême, je te rappelle que, l'an dernier, je me suis levée incommensurablement plus que toi pour l'allaiter, cette petite !

Ladite petite, croyant sentir une ouverture, y va d'un « Coucou ! Allôôô ? » discret. Mais, sur le front, nul n'y prête oreille. La guerre fait rage et, le samedi matin, la guerre ne fait pas de cadeau aux enfants qui se lèvent avant sept heures et demie.

Père indigne — Allaiter ? *Allaiter ?* Mais c'est rien, ça, allaiter ! Moi, madame, mes deux grands-pères ont travaillé dans les mines de charbon en Wallonie ! Ils ont trimé dur, ils ont sué sang et eau pour nourrir leur famille ! Et leurs ancêtres avant eux, des Italiens et des Polonais, tu crois qu'ils l'ont eue facile pendant la Deuxième Guerre ?

Mère indigne — Je ne sais pas. Ils l'ont eue facile ?

Père indigne, fronçant les sourcils — Ça ne doit pas.

Les deux ennemis se taisent momentanément, confus. Même Bébé est complètement pris au dépourvu.

Mère indigne — La morale de cette histoire n'est-elle pas que tu devrais être reconnaissant et te lever pour prendre soin de ta progéniture alors que tu as la chance de vivre dans un cocon douillet dont tes ancêtres ne pouvaient que rêver ?

Père indigne — Non, tu n'as rien compris. La morale de cette histoire, c'est que nous avons de la fatigue accumulée, dans la famille. Alors je reste couché.

Mère indigne — Hé, ho ! On se calme, avec le spleen héréditaire ! Et puis, mes ancêtres amérindiens exterminés, à moi ? Ça compte pour de la gnognotte ?

Père indigne — Tu as des ancêtres amérindiens, toi ?

Mère indigne, fronçant les sourcils — Je ne sais pas. Ça doit.

Père indigne — C'est ridicule!

Mère indigne — Tu me trouves ridicule? Tu trouves mes ancêtres ridicules?

Père indigne — Non, non, j'ai simplement dit que...

Mère indigne, triomphante — Tu m'insultes, que dis-je, tu insultes ma *lignée*, et tu crois que je vais me lever ce matin? Sache que, pour venger cet affront, c'est moi qui resterai bien au chaud entre les couvertures. Au moins jusqu'à dix heures et demie.

Père indigne — Merde!

Mère indigne — Hin, hin.

Bébé — Aaaalllllllôôô... couuu-couuuuu... zzzzzzz...

Silence attentif.

Mère indigne — La petite s'est rendormie.

Père indigne — Bon.

Mère indigne — On peut rester couchés encore un peu.

Père indigne — Oui.

Mère indigne — Euh... Tu as encore sommeil?

Père indigne — Euh... Non.

Mère indigne — On se lève, alors? Hein, chéri? On va déjeuner tranquille.

Père indigne — Bonne idée, mon amour. On reprendra la discussion demain matin.

Mère indigne — À propos, je pense que ma grand-mère est déjà sortie avec un gars qui avait des ancêtres incas.

Père indigne — J'ai dit *demain*.

Confession sur l'oreiller (inédit)

Sévices de garde

Bébé entre à la garderie en septembre. Entre mon Surmoi qui passe ses journées à me chicoiner et mon Ça qui angoisse au sujet d'une rédaction de thèse de doctorat, il y a mon Moi, équilibré et rationnel, qui me conjure de donner aux parents non avertis quelques judicieuses informations sur les services de garde.

Notamment que les services de garde, c'est horrible.

Mais pas pour les enfants, grands dieux, non! Dans la plupart de ces milieux, vos enfants seront traités aux petits oignons. Songez-y: ils profitent, à pleine journée, d'un G.O. assigné à leur petit groupe et tout entier dédié à les *entertainer* sous l'égide d'une approche développementale et éducative entérinée par les intellectuels de Harvard.

Les enfants, enfin la plupart, ils sont heureux en service de garde.

Non, dans tout ça, ce sont nous, les parents, qui souffrons le plus.

Votre garçonnet se transforme en sosie des chutes Niagara lorsque vous le déposez à la garderie? C'est que vous êtes un infâme paternel qui n'a pas su inculquer à son enfant le sentiment de sécurité nécessaire à un cheminement de vie épanoui. Les sommes que Junior dépensera en psychanalyse ne pourront pas être dédiées à un versement initial sur une maison à lui, et il sera stationné chez vous jusqu'à trente-huit ans, maigrichon (l'angoisse), célibataire (pas d'estime de lui) et sale (aucune autonomie). Mauvais, mauvais papa !

Votre fillette, au contraire, ne vous dit même pas au revoir lorsque vous la laissez aux bons soins des éducateurs/trices ? Et elle refuse que vous reveniez la chercher le soir, sous prétexte qu'elle n'a pas fini sa réplique du château de Harry Potter en pâte à modeler ? Méchante mère, qui surprotégez votre petite, qui l'étouffez d'un amour malsain. Pas étonnant qu'elle veuille se détacher de vous et vivre sa vie, alors qu'elle n'a *pas* les outils pour le faire, puisque *vous* ne les lui avez pas donnés ! Allons bon, elle tombera enceinte à 15 ans, refusera sauvagement toute critique à l'endroit du papa, Steven-enfui-du-centre-jeunesse-et-squeegee-par-choix, et le cycle que *vous* avez provoqué par votre conduite irresponsable se répétera jusqu'à la centième génération. Après, ce sera pire. Mauvaise, mauvaise mère !

Mais le milieu des services de garde vous réserve encore pire. Car n'oubliez pas que ces gens à qui vous confiez vos enfants, ce sont des professionnels. *Et ils le savent.*

Votre estime de soi à vous, votre sentiment de sécurité et votre développement normal en tant que parent, c'est tout cela qui sera cloué au pilori par les ayatollahs des bébés.

Votre enfant n'aime pas le poisson, tapoche le voisin ou a tendance à pleurer à la moindre réprimande ? Ne vous y trompez pas : c'est votre faute. Et, vous admonestera-t-on en vous fixant à la Jean-Luc Mongrain, il va falloir que ça change.

Et c'est là que nous dirons « Non ! », chers collègues ! C'est là que la résistance va s'organiser. Oh, que oui !

Et la solution, je vous l'offre sur un plateau d'argent: mentir.

On va se pratiquer, vous allez voir, ça va être facile. Prenons un point de litige quasi universel entre parents et éducateurs/trices: la sieste de bébé. Voici ce qu'il ne faut *pas* faire:

La dominatrice du service de garde — Comment endormez-vous Jeanne-Simone pour ses siestes?

Vous, d'un ton plaintif — Euh, je la berce en lui donnant un biberon et en lui chantant des berc...

Dominatrice — NON! Il faut cesser cela immédiatement. Jeanne-Simone ne peut pas s'endormir toute seule, elle dérange les autres amis, il faudra lui apprendre à gérer ses dodos d'une autre manière. Compris?

Vous, en reniflant — Voui.

Et vous passez des jours et des jours cauchemardesques à la maison à essayer de faire en sorte que Jeanne-Simone gère mieux ses dodos. Sans succès. À la garderie, vous évitez le sujet comme la peste. Mais vous apprenez, des semaines plus tard, que le problème, là-bas, s'est réglé en deux jours.

Constatation qui nous amène à élaborer ensemble le comportement intelligent à adopter:

Dominatrice — Comment endormez-vous Louis-Nicolas pour ses siestes?

Vous, d'un air intrigué — Je le dépose dans son lit. Pourquoi?

Dominatrice, la bouche ouverte — Sans le bercer?

Vous — Jamais eu besoin. Il est pratiquement narcoleptique.

Dominatrice — Ah bon... C'est que nous avons des petits problèmes avec lui à l'heure des siestes et je...

Vous — Je suis vraiment très étonnée. Louis-Nicolas a toujours été un enfant extrêmement facile pour les siestes.

Vous jetez un regard suspicieux autour de vous. «À l'heure des siestes, est-ce que l'ambiance de la garderie favorise le repos ? Les jeux qui précèdent la sieste ne sont pas trop violents ? Les éducateurs/trices sont-ils assez doux avec les enfants ? J'aimerais une copie de leur diplôme et le numéro de la direction régionale, s'il-vous-plaît. »

La dominatrice s'empresse de vous rassurer : son expérience lui suggère que le problème de la sieste de Louis-Nicolas se réglera probablement en deux jours.

À la maison, vous continuez d'endormir Bébé avec le biberon et les berceuses. Vous pouvez essayer de profiter du momentum pour changer les habitudes de Louis-Nicolas, mais ce choix vous appartient entièrement.

Et, en deux jours, à la garderie, Louis-Nicolas s'endort sans rechigner.

C'est pour ça que mentir à la garderie, ça n'est pas grave. Votre bébé est doté d'un sens remarquable de la discrimination et comprendra très rapidement que la garderie impose un régime différent de celui de la maison. Et le petit chenapan, il va s'y conformer. Inutile de mettre votre santé mentale en jeu dans un tel contexte !

Conclusion : organisons la résistance ! Parents de toutes les garderies, unissons-nous !

Et surtout, ne me remerciez pas. Je ne fais que mon devoir.

(Bon, si vous insistez, j'accepte les chèques personnels.)

Commentaires (3):

Arielle dit:

Étant une «dominéducatrice» moi-même (mais je me soigne pour devenir une comptable... autre sorte de dominatrice, quoi!), tu m'as bien fait rire. Je ne me rendais pas compte que nos commentaires pouvaient rendre les parents mal à l'aise. Pour nous, c'est tout naturel de dire certaines choses aux parents, mais c'est vrai que certaines «dominéducatrices» en disent un peu trop, le sourcil en l'air. *Mea culpa*!

marieclaude dit:

Après les dominatrices du service de garde, il ne faudrait pas oublier les dominatrices du CLSC: les infirmières qui suivent À LA LETTRE le petit livre de l'hôpital. Moi, c'est à elles que je mens.

Catherine dit:

Pour ma part, j'ai toujours eu de la chance en matière d'éducatrices. Presque toutes ont réellement été, l'espace d'un an, des membres de la famille, et nous les revoyons toujours avec émotion. Nous avons entretenu avec elles des relations de coopération. Nous ne voudrions pas faire leur travail, disons-nous souvent. Nous avons aussi les moyens de leur rendre la vie un peu plus facile. Quand elles sont sensées, bien entendu, et qu'elles comprennent le concept d'indignité maternelle.

Mais en me remémorant nos années de CPE, de ce grand malaise qu'on ressent parfois à ne pas se permettre d'être indigne au grand jour, c'est plutôt à certains parents que j'ai pensé. Genre, la mère de la petite blonde sage qui vous toise pendant que vous tentez de calmer votre 2 ans plein de testostérone qui pique une crise monumentale dans le vestiaire. Genre, le papa ultra-compétitif qui vous lance d'un air détaché que son fiston a un vocabulaire de 10 000 mots, fait du vélo sans petites roues, n'aime que les films de Chaplin, sait déjà lire... à 3 ans! On dirait que le seul barème des parents pour s'évaluer (ou se réconforter?) eux-mêmes, c'est l'inaptitude des autres parents.

Avec le premier bébé, on apprend à mentir... avec le deuxième, on apprend à retenir son fou-rire!

Et surtout, avec l'expérience, on comprend qu'en affirmant publiquement son indignité on met à l'aise les autres indignes. Indignes du monde entier, sortons du placard!

AVIS AUX PARENTS DES AUTRES POUPONS

Cher parent,

Bébé fréquente maintenant la même garderie que le vôtre depuis trois jours, et je suis désolée de devoir vous le dire comme ça, à froid, mais mon bébé est plus beau que le vôtre.

Je veux dire, *pas mal* plus beau.

Je sais, ce n'est pas très *politically correct* ou même très gentil de dire une chose pareille. D'ailleurs, normalement, je ne le dirais pas. Mais il se trouve que j'ai, outre un très beau bébé, la science de mon côté.

Bon, quand je dis la science, je parle de certaines hypothèses scientifiques. Des miennes, plus précisément. Mais elles sont très sensées, vous allez voir. Je suis à peu près sûre en effet que la nature éprise d'harmonie a fait en sorte qu'il soit normal pour l'œil parental de détecter un je-ne-sais-quoi de plus attrayant chez son enfant que chez ceux des autres. Bon, pour ma part, ce serait plutôt autour de quatre ou cinq je-ne-sais-quoi, mais passons. Imaginez: si je me mettais à trouver votre Tania tellement plus mignonne que Bébé, qui vous dit que je ne repartirais pas avec elle le soir venu? Pensez-y. Ça pourrait créer un joyeux bordel (tous les parents s'arracheraient ma fille).

Mon autre hypothèse est que, quand on a quelqu'un dans la face 24 heures sur 24 pendant plusieurs mois, sinon plusieurs années, on n'a pas le choix de finir par le trouver beau. C'est une question de survie. D'ailleurs, ce Jérôme, au travail, celui qui avait le bureau à côté du vôtre et que vous traitiez de mocheté il y a à peine trois ans, vous vous êtes bien retrouvée avec lui à l'hôtel un mercredi midi et pas pour parler boulot, n'est-ce pas? Vous avez ensuite été farouchement jalouse du moindre regard porté sur le finalement pas si pire Jérôme par les autres collègues, non? Ne vous êtes-vous pas finalement mariée avec le beau Jérôme? Ne dites rien: vous trouvez même que vous avez des enfants superbes, je parie? Ne vous demandez plus pourquoi. *Vous n'aviez tout simplement pas le choix.* C'est comme ma mère qui a rencontré mon père dans un champ de patates. Croyez qu'à la longue elle avait le choix de le trouver beau ou non? Avec plein de patates autour? Non.

Et puis, *last but not least,* notre bébé, on est obligé de changer sa couche pleine de caca. Caca qui, ne nous cachons pas l'esprit derrière un voile de mensonges, ne sent jamais bon et n'arbore jamais les belles couleurs vives du bonheur. Imaginez si l'on trouvait en plus que notre bébé a une face laide? Sinistre perspective.

Bon, bon, il y en a qui trouvent que j'exagère. Qui trouvent que c'est mignon d'office, un bébé. Que je ne devrais pas dire qu'on peut les trouver laids. Vous avez peut-être raison. Mais, dans votre for intérieur, ne trouvez-vous pas que le vôtre est ne serait-ce qu'un tantinet plus joli que ceux des autres? Ne trouvez-vous pas que la chair de votre chair aura un certain avantage, pour ne pas dire un avantage certain, dans sa future course à la reproduction de l'espèce? Mmmmm?

Eh bien, vous vous trompez. Parce que c'est la mienne la plus mimi.

Sur ce, veuillez agréer l'expression de mes sentiments les plus respectueux,

Signé: Mère indigne (celle qui repart systématiquement avec le plus beau bébé de la garderie).

T'as une tache là!

(1 commentaire)

*L*es *parents, examinant leur nouveau-né sous toutes les coutures* — «Oh, elle a des petites taches rouges sur les paupières?...»

L'infirmière — «Ça va partir.»

«Oh, elle a des petites taches rouges entre les yeux?...»

«Ça va partir.»

«Oh, elle a des petites taches rouges sur la nuque?...»

«Ça va partir.»

«Oh, elle a une petite tache rouge sur le front?... Ça va partir aussi, hein?»

«Non.»

Telle fut notre première indication que Bébé aurait un petit quelque chose de spécial.

Les enfants appellent ça un bobo. Pour certains adultes, ça doit être une tache de naissance; pour d'autres, une poque. Quelques connaisseurs (comme la caissière de l'animalerie Yogi, sur le boulevard des Laurentides) aventurent le bon diagnostic: un hémangiome.

Hé oui, comme le dit Fille Aînée, nous avons à la maison une petite princesse indienne: notre Bébé d'amour porte un bel hémangiome au milieu du front.

En soi, ce n'est rien: ce n'est pas dangereux, ça ne lui fait pas mal, et ça partira tout seul d'ici deux ou trois ans. C'est juste que... le problème, c'est le monde. Je jure que Bébé pourrait avoir deux nez au milieu du visage que les gens (sauf la merveilleuse caissière du Yogi, Dieu la bénisse) ne la regarderaient pas plus bizarrement.

Je me souviens de mes expéditions au supermarché avec Fille Aînée quand celle-ci n'était qu'un poupon. Un «Oh!» n'attendait pas un «Ah!» et les «gouzigous» suivaient les «guiliguilis» à une vitesse folle. Je devais pratiquement enfiler des gants de boxe pour arriver jusqu'à mon panier d'épicerie monopolisé par une foule en délire. C'est plus fort qu'eux, les gens aiment les bébés.

Enfin, la plupart des bébés.

Ce que je constate avec Bébé, c'est que la moindre anomalie fait reculer les gens. Bébé est au moins aussi mignonne que Fille Aînée, mais elle a un gros bouton rouge sur le front. Alors, au lieu de lui faire des gouzigous, les gens de l'épicerie, ils l'espionnent. Eh oui, mesdames et messieurs du IGA, je vous ai vus! Vous voyez son siège de bébé de dos, vous vous approchez pour jeter un coup d'œil au charmant petit ange mais oups! En voyant son petit je-ne-sais-quoi qui dépasse, vous décidez plutôt de vous abîmer dans la contemplation du Weston moelleux *plus*.

Parfois, vous vous faites jouer des tours. Ça m'est déjà arrivé de vous voir approcher alors que Bébé avait encore son chapeau sur la tête, qui cachait son hémangiome. Lorsque vous étiez en pleine séance de gaga-gougous, hop!, je le lui retirais! Quand ça arrive, vous devriez vous voir l'air. Presque drôle.

Ou bien, si vous avez de jeunes enfants avec vous, vous êtes pratiquement condamnés : « Oh, maman, regarde, le bébé, il a un bobo ! »

« Chhhht ! »

« Mais c'est quoi son bobo ? »

« Chhhht ! »

« MAIS MAMAN C'EST QUOI SON BOBO ??? »

En général, à cette étape, je regarde gentiment votre tout-petit et je lui explique. Et il comprend. Il est content. Et vous n'avez pas à avoir l'air aussi soulagé. Ce n'est pas parce qu'un bébé a une poque sur le front que sa mère est une méchante sorcière.

J'ai l'air un peu frustrée ? Meuh voyons. Ha, ha ha ! Pourquoi je serais... Bon, j'avoue. Je le suis un peu, frustrée. Frustrée qu'à cause d'un petit rien tout rouge Bébé ne reçoive pas le même genre d'attention que sa grande sœur a eue avant elle. Frustrée que les gens figent pour si peu. Frustrée pour ceux dont les enfants sont vraiment malades et qui doivent vivre ça de manière incomparablement plus difficile.

Frustrée d'être frustrée, aussi. Je me rends compte que je vous attribue inévitablement des mauvaises intentions. Vous ignorez Bébé, vous êtes des salauds. Vous le regardez, des voyeurs. Vous ne lui parlez pas, vous êtes mesquins. Vous lui faites des gentillesses, vous êtes une bande d'hypocrites. Je sais bien que la plupart des gens ne sont pas méchants, juste gênés, mais je ne peux pas m'empêcher de les détester un peu, tous autant qu'ils sont, parce que j'ai l'impression qu'ils jugent mon beau Bébé. Bref, je suis systématiquement de mauvaise foi, et ça m'embête.

Et puis, je suis surtout frustrée de penser que moi aussi, si Bébé n'était pas comme ça, je ferais probablement comme tout le monde. On est mal à l'aise devant ce qu'on ne connaît pas, c'est comme ça.

Mais bon, avec le temps, je m'habitue. Si j'entends chuchoter derrière moi que «le pauvre petit bébé doit s'être cogné», je rigole à part moi et il arrive souvent que je me retourne pour expliquer la chose. Je me suis aperçue qu'une fois que je discute avec les gens du pourquoi et du comment du «bobo», Bébé a droit aux mêmes gentillesses que Fille Aînée. Je peux bien faire ça pour elle!

Et puis, la nature fait bien les choses: pour compenser, Bébé n'a pas une, mais deux magnifiques fossettes!

Dans un registre plus léger, voici la fois où j'ai le plus ri après coup de la réaction de quelqu'un à l'hémangiome de Bébé:

La commis aux desserts du IGA — Hon, le beau ti-bé... Mon doux!!! Qu'est-ce qu'elle a sur le front!?

Mère indigne — Un hémangiome. Ce n'est pas gra...

La commis — Ah oui!!! C'est l'affaire qui grossit, là, qui grossit, grossit, pis un moment donné, ça PÈTE pis y'a plein de sang partout?!

On voit à son air émerveillé qu'elle serait totalement d'accord pour que ça se passe *ici* et *maintenant*.

Mère indigne — Non, non. Ça va se résorber tout seul d'ici quelques années.

La commis — Aaaah.

Elle est extrêmement déçue. Je crois que j'ai, comment dire, pété la mauvaise balloune.

Voici un répertoire des répliques que Frère indigne, Sœur indigne, Père indigne et moi avons inventées pour répondre à la question classique «Mon doux!!! Qu'est-ce qu'elle a sur le front!?»:

«Un bouton On/Off.» (*I wish.*)

«Quand on dit qu'il ne faut pas prendre de drogue pendant la grossesse, c'est vrai.»

«J'aurais pas dû jouer aux autos tamponneuses quand j'étais enceinte de huit mois.»

«Son cerveau fonctionne à l'énergie solaire; ça, c'est l'unité de recharge.» Ou encore: «Il n'y avait pas assez de place pour son cerveau dans sa boîte cranienne.»

«C'est une piqûre d'insecte. Pensez-vous que je devrais consulter?»

«Ça va grossir constamment. Dans un mois, elle sera aveugle. Dans quatre, à l'article de la mort. Mais vous pouvez lui faire des gagagougous. Pendant qu'il est encore temps.»

Ma réplique préférée: «Hon, mon Dieu!!! Qu'est-ce que c'est que *ça*?!? Je n'avais jamais remarqué!»

Commentaire (1):

> **Nicole dit:**
> Dans ta liste de réponses à offrir, tu peux aussi ajouter qu'elle a brisé une chaîne de lettres par Internet...

C'est la fête
L'art d'organiser des anniversaires...

Est-ce que je vous ai déjà dit que j'adorais organiser des fêtes d'anniversaire?

Ça m'étonnerait, parce que je déteste ça.

Le plus dur, c'est d'enlever le gros pli que j'ai entre les sourcils avant que les invités arrivent — de quoi leur faire penser que je ne suis pas contente de les voir, ah, ah, ah!

Le pire, évidemment, ce sont les fêtes d'enfants. En effet, les fêtes d'anniversaire prouvent encore une fois, si besoin était, que nous les adultes, nous sommes des êtres supérieurs. Civilisés. Car, enfin, organiser une fête pour un adulte? Facile. «Oui, bonjour, je voudrais réserver samedi soir pour seize personnes.» Et voilà! Le tour est joué!

Pour les enfants, c'est une tout autre paire de ce que vous voudrez.

D'abord, quand c'est la fête d'un adulte, on lui donne ses cadeaux mais on ne remplit pas un petit sac de surprises pour tous ses amis. Alors qui a eu la brillante idée de penser qu'il ne fallait pas donner des présents uniquement à l'enfant dont c'est l'anniversaire, mais à tous les autres aussi? Probablement une conspiration des Dollarama.

Et encore, j'ai fait le maximum pour minimiser les dégâts. J'ai calculé, pour mes deux enfants, qu'il me serait préférable de les concevoir autour d'octobre-novembre pour accoucher en plein cœur de l'été et ainsi avoir une excellente excuse pour éviter d'inviter leurs amis d'école à venir foutre le bordel chez nous à leur anniversaire.

Et je dis bien *chez nous*. Parce que réserver une allée au bowling pour devoir m'enfourner des hot-dogs froids et empêcher les enfants des autres de se tirer leurs boules de quilles en pleine face (parce que leurs parents, *eux*, se sont tirés — pas cons, les salauds)? Réserver une salle au cinéma pour être obligée de bouffer des nachos mous et me taper *Le Gros Albert* version doublée à la franchouillarde? Organiser une journée au Jungle Jungle et être prise pour retrouver quelques braillards coincés dans des tunnels en plastique qui donnent des chocs électriques et qui fleurent bon le pipi mariné? No way in hell. Pas d'affaires, Gilbert et niet, Georgette. Tant qu'à souffrir, j'aime autant souffrir chez nous.

(D'autant plus que, dans mon tiroir secret, j'ai précieusement gardé de mon dernier accouchement quelques comprimés d'Atasol-codéine que je conserve pour les cas d'urgence, dont les anniversaires.)

Tout ça pour vous dire que, l'anniversaire de Fille Aînée étant imminent, j'ai dû organiser quelque chose à la maison samedi dernier.

Quelque chose à *son* goût.

En effet, les enfants grandissant, il devient de plus en plus difficile de faire ce qu'on veut pour les fêter. Les petits coquins commencent à avoir une volonté propre, du genre: «J'aimerais ça inviter Sophie à la maison pour mon anniversaire. Et faire un anniversaire-santé, tu sais, avec des jeux.» Et vlan! On se retrouve à devoir retracer une copine d'école alors que l'école est finie (pas si brillant, finalement, le truc de la conception automnale) et à devoir (frissons d'horreur) *organiser des jeux.*

«*Mais,* aurais-je voulu crier, *mais j'peux pas organiser des jeux, moi! J'sais pas comment! C'est Sœur indigne qui est bonne là-dedans. Sœur indigne, elle, quand elle gardait des enfants, elle arrivait avec un sac plein de jeux! Moi, j'arrivais avec une seule question: "Quand est-ce que je les couche?" Et là, il faudrait que j'organise des* jeux*? Pour tout un groupe???*» Tais-toi, Mère indigne. Tu as voulu avoir des enfants, alors sois mère, et tais-toi.

Alors j'ai organisé.

Pour éviter le pire, j'ai surtout invité la famille et les amis. Pas besoin de faire la conversation avec des parents inconnus ou de s'occuper de petits orphelins d'anniversaire. (Sophie, la seule *outsider,* se demandait où étaient les autres copains de l'école — ne te pose pas de questions, chérie, on va bien s'occuper de toi.) Et pour les jeux, un seul réquisit: on devait faire des équipes de un adulte et un enfant — pas question que je gère les mioches à moi toute seule.

Quelques points forts de la journée:

Mère indigne — D'accord, les amis. Rejoignez votre coéquipier, on va faire une course dans des sacs. Vous partez d'*ici,* vous allez jusque *là,* puis rendu là, vous changez de place avec votre partenaire puis vous revenez à la ligne de départ. Compris? Un, deux, trois, go!!! Pffffrrrt... Ah! Ah! Ah! J'vais prendre une photo... Quoi? La course est finie? Déjà? Qui a gagné? *QUI A GAGNÉ?* Personne n'a regardé? Merde. On recommence. *Comment ça, c'est pas juste?* J'AI DIT, *ON RE-COMMENCE!*

Mère indigne — Bon, les amis. On va faire une course de brouette. Pour commencer, les enfants vont faire la brouette. Pour revenir à la ligne de départ, les adultes vont prendre leur place.

Ami — T'es folle !

Amie — Comment les enfants vont pouvoir nous porter ???

Beauf' adoré — Chouchoune a juste trois ans !!!

Mère indigne — (Je suis tellement *stupide*.) D'accord, on va faire un aller-retour. Les enfants font la brouette dans les deux sens. Un, deux, trois... (Seigneur que je suis *stupide* !!!)

Mère indigne — Bon, maintenant les amis, on va jouer aux ballons d'eau. L'adulte va remplir le ballon et ensuite le but est de se le lancer avec l'enfant sans qu'il pète. Le gagnant est l'équipe qui remplit le ballon le plus rapidement et y'a des points bonis pour ceux qui se le lancent le plus longtemps.

Amie — *Qui* a pensé à des règles aussi *stupides* !?

Tout le monde établit de nouvelles règles. Le jeu finit dans une pagaille totale parce que tout le monde veut faire péter un ballon d'eau dans la face de tout le monde. Tout le monde s'amuse ; tout le monde me tape sur les nerfs. Je donne des points au hasard.

Mère indigne — Bon, les amis. On va faire une compétition de corde à sauter. L'équipe qui saute le plus de coups gagne.

Ami — C'est pas juste! Les petits ne savent pas sauter à la corde!

Mère indigne, en soupirant — D'accord. Maximum de 50 coups.

Ami scientifique, en apparté avec Mère indigne — Pour que ça soit plus juste, on devrait additionner le nombre de coups des deux coéquipiers et diviser par l'âge de l'enfant. Comme ça, plus l'enfant est jeune, plus ça laisse de chances.

Frère scientifique — Ouais, bonne idée!

Mère indigne, en apparté avec elle-même — N'importe quoi, pourvu qu'on en finisse.

Mère indigne, au public —Les amis, dans un souci d'équité, on va additionner le nombre de coups des deux coéquipiers et diviser par l'âge de l'enfant. (*Merde.* Je suis encore en train d'avoir l'air stupide.)

Amie — *Qui* a pensé à des règles aussi *stupides*!?

Bref, de beaux moments d'humilité pour Mère indigne qui, la prochaine fois, invitera un clown à la maison pendant qu'elle va faire semblant d'être malade et ira en fait passer la journée au spa.

Parce que Mère indigne, le clown, elle l'a assez fait samedi.

Père indigne et moi avons fait office de monoparentaux ce week-end. Moi, j'accompagnais Bébé à la fête de mon beauf' alors que Père indigne faisait la roue devant les mamans à l'anniversaire d'un copain de classe de Fille Aînée. Petits tableaux de cette fabuleuse journée :

Chez le beauf'
J'ai à peine le pied dans la maison que Beauf' adoré m'offre un kir :
— Un kir ? Il est quelle heure ?
Même pas onze heures ? Bien sûr que j'en veux un !
Aussi bien faire des provisions pour plus tard.

L'art de la conversation avec Mère indigne :
Mère indigne — C'est fou comme on est plus relaxe au deuxième enfant.
Gentille convive — C'est vrai.
Mère indigne — Je la laisse même jouer avec des sacs en plastique.
Gentille convive, l'air stupéfait — !!!
Mère indigne — Heu, avec un nœud dedans, pour ne pas qu'elle rentre sa tête à l'intérieur...

Gentille convive — !!!

Mère indigne — Heu, toujours sous surveillance, évidemment...

Gentille convive — !!!

Mère indigne — Presque jamais, en fait...

Gentille convive — !!!

Mère indigne — Ah, ah, ah! C'était une blague! Hum.

Gentille convive — Hum, hum.

Je suis géniale pour les conversations impromptues. C'est pourquoi je décide d'aller rejoindre les enfants, ces petits êtres qui savent vous accueillir malgré vos comportements dégénérés. Je passe la demi-heure suivante à me faire tapocher sur la tête avec un ballon expertement manœuvré par un charmant blondinet. Le ballon est gonflé à l'hélium; ça pourrait être pire.

Mon assiette est pleine, et ô, miracle!, générosité sans égale!, Mamie a été endormir Bébé. *Je peux manger tranquillement*!

Je vais me cacher sur un coin reculé du divan, derrière une plante verte, et entreprends de déguster ma cuisse de poulet.

«WAAAAAAA!!!» BOING! BOING! BOING! «WAAAAAAA!!!» BOING! BOING! BOING!

C'est le blondinet qui, ne se laissant pas déjouer par une vulgaire plante verte, a retrouvé sa copine de ballon et hurle sa joie en me binant sur la tête de plus belle.

«WAAAAAAA!!!» BOING! BOING! BOING! «WAAAAAAA!!!» BOING! BOING! BOING!

— Ah, ah, ah! Très drôle, chéri, mais maintenant Mère indigne va manger, d'accord?

« WAAAAAAA !!! »   BOING!   BOING!   BOING!
« WAAAAAAA !!! » BOING! BOING! BOING!

— Hi, hi, hi, va jouer avec ta cousine, chéri, je pense qu'elle t'attend.

« WAAAAAAA !!! »   BOING!   BOING!   BOING!
« WAAAAAAA !!! » BOING! BOING! BOING!

Finalement, je lui ai pris le ballon et l'ai tapoché moi-même sur la tête. Avec intensité. Il croyait que je jouais, mais en fait je me défoulais.

Je ne me souviens pas avoir terminé mon assiette, mais je me souviens avoir pensé que j'avais bien fait de prendre ce kir en arrivant.

⌣

La scène de la journée : ma nièce de trois ans et demi courant partout avec un énorme ballon dans les bras, en hurlant : « ATTENTION, LES GROSSES BOULES ARRIVENT ! ATTENTION, LES GROSSES BOULES ARRIVENT ! »

⌣

Du côté de Père indigne :
Pendant ce temps, Père indigne sauvait le monde, une piñata à la fois.

Car, pour l'anniversaire du copain de Fille Aînée, ses parents se sont laissés prendre à offrir cette invention du diable, j'ai nommé la piñata.

Je sais que, dans leur esprit, tout était pour se dérouler comme dans un rêve. Les enfants se partageraient le batte et taperaient sur la piñata à tour de rôle pendant quelques minutes jusqu'à ce que leur fils, d'un coup bien placé, fasse exploser la piñata et que tout le monde se régale des mille et une surprises échappées du ventre de la bête.

Sauf que les piñatas, ça ne tient pas du rêve, mais du cauchemar.

Fait numéro un : les enfants ne sont pas capables de faire exploser une piñata. Fait numéro deux : la plupart des adultes non plus. Alors on frappe, on frappe, et le temps devient, comme qui dirait, long. Surtout en compagnie d'adultes qu'on ne connaît en général ni d'Ève ni d'Adam et qu'on a l'obligation de côtoyer seulement parce qu'un individu pré-pubère à l'allure louche fréquente la même classe que sa fille.

Bref, les enfants ont tapé pendant cinq minutes. Puis dix. Quinze. Rien à faire. La piñata lâchait bien un bonbon de-ci, de-là, mais sans jamais livrer toutes ses promesses. Dans le jargon, on appelle ça une agace-sucette.

C'est alors que Père indigne, la tentation faite homme, susurra à l'oreille de l'hôtesse : « Est-ce que les adultes peuvent jouer ? »

La dame, pas folle, comprit alors que les choses seraient prises en main. « Les enfants, écoutez-moi ! Les adultes aussi vont avoir leur tour ! »

Les enfants non plus ne sont pas fous, et ceux-ci commençaient à en avoir assez du maudit âne qui se balançait d'un air narquois. Ils cédèrent volontiers le batte à la mère du fêté, qui frappa. Pang ! L'âne plia mais ne rompit point.

C'est alors que Père indigne s'avança. Tous retenaient leur souffle. PATACLOW !

L'âne plia, ne rompit toujours pas, mais il gisait à présent par terre, inanimé. Livré à la convoitise d'une bande d'enfants sans pitié, il fut prestement éviscéré et rendit enfin son dernier soupir sucré.

Soulagement chez les petits et les grands. Père indigne fut porté en héros et revint à la maison couvert de rouge à lèvres.

Mais non, c'est une blague. Ou, en tout cas, il avait eu le temps de se laver.

Le chocolat équitable, ça ne goûte rien

Ah, ah, ah! Je vous ai bien eus, là! « Quelle horreur! », avez-vous songé l'espace d'un instant. « Mère indigne crache sur les produits bio-fair-trade! Pendons-la haut et court ou, pire, faisons-lui écouter en boucle de longs documentaires sur le commerce éthique! »

Mais vous vous méprenez. En fait, ce que je voulais dire, c'est que le chocolat équitable, je n'y ai jamais goûté. Je voulais en acheter cette année pour Pâques, mais je ne l'ai pas fait. Pire : je n'ai pas acheté de chocolat du tout à Fille Aînée. Soufflés, n'est-ce pas? Elle ne s'appelle pas indigne pour rien, la mère!

Personnellement, je trouve que j'ai eu le courage de faire preuve d'une digne retenue. En effet, après de savants calculs, je me suis aperçue que le chocolat qu'offriraient Papi et Mamie, plus celui envoyé par la Mamie d'outre-mer, plus celui offert par frérot parce qu'il n'a pas d'enfants et qu'il doit bien compenser en quelque part, ça équivaudrait à environ quatorze kilos de chocolat, cinquante-trois maux de cœur et douze visites (3 200 $) chez le dentiste. Alors j'ai décidé de m'abstenir de contribuer au massacre, d'où le boycottage du choco.

Cela dit, mère un jour, mère toujours. Et dans cette société de consommation à outrance où, tant qu'à ne rien acheter à nos enfants pour Pâques, aussi bien leur donner aussi une claque en pleine face car le dommage psychologique sera le même, être mère signifie quand même sortir le portefeuille. J'ai donc dûment déboursé quelques dizaines de dollars en bébelles vert tendre, roses et mauves de toutes sortes. Le bilan, pour mes deux filles et mes deux nièces :

Deux petits poussins en peluche *made in China*;

Deux petits lapins en peluche *made in China*;

Deux crayons avec un p'tit bout en lapin *made in China*;

Deux kits de décoration de cocos de Pâques *made in China*;

Tout ça, dans deux mignons sacs-cadeaux *made in China*.

Disons pour conclure que, dans mon périple vers l'équitable, il semblerait que je n'ai même pas encore fait mes valises.

On se reverra en enfer, les p'tits monstres!

Eugénie, la fille d'un couple d'amis, a annoncé à Fille Aînée la semaine dernière que sa mère avait décidé d'enlever toutes les décorations le matin du 31 octobre, pour ne pas être obligée de distribuer des bonbons toute la soirée. Dubitative, j'ai interrogé ma copine hier à ce sujet:

— Est-ce que c'est vrai que tu vas enlever les décorations d'Halloween le matin du 31 pour ne pas être obligée de répondre à la porte?

— Qui t'a dit ça?

— Eugénie l'a dit à Fille Aînée.

— Euh, non, ce n'est pas vrai.

— Parce que je trouvais que c'était une excellente idée!

On a bien rigolé. Des bonbons ou une farce? *Joke's on you*, mes petits amis! On se reverra l'an prochain... peut-être!

Mais non, ne vous inquiétez pas. L'idée d'Eugénie n'aura pas de prise sur moi. Indigne, mais quand même pas indigne et demie, surtout lorsqu'il s'agit de propager le sucre, cet allié incontournable dans les négociations parents-enfants.

C'est sacré, l'Halloween. Pas de passe-droit, aussi tentante l'idée soit-elle.

Indigne et demie

(4 commentaires)

J e l'ai fait. Dieu me pardonne, je n'ai pas pu résister.

Lundi après-midi, j'étais dans la voiture avec les filles. Bébé, pas trop en forme depuis plusieurs jours, hurlait depuis une demi-heure. Biberon, tétine, gouzi-gouzi, rien n'y faisait. J'avais moi-même la morve au nez et pas de mouchoir. En reniflant de toutes mes forces (je n'allais pas me moucher dans la tuque de Bébé, tout de même), je songeai à la soirée d'Halloween qui s'annonçait. Aux 250 enfants qui viendraient sonner demain à la porte. Aux 250 fois où je devrais nous exposer, Bébé et moi, à vents et marées, ou plutôt à vampires et mariées. Aux 250 sacs de bonbons distribués d'une main pendant que je soutenais/protégeais/rassurais Bébé de l'autre. Une lassitude immense m'envahit. Et tout à coup, je fis le grand saut :

— Chérie, Bébé est malade, Maman est fatiguée. Est-ce que ça te dérangerait beaucoup si demain j'enlevais les décorations d'Halloween et qu'on ne distribuait pas de bonbons cette année ?

— Euh, oui, ça me dérangerait beaucoup.

— Bon, je reformule le tout. Cette année, Chérie, j'ai décidé que nous allions enlever les décorations et ne pas distribuer de bonbons.

— Mais... Mais... Mais! Est-ce qu'on ne pourrait pas laisser les décorations et mettre une pancarte qui dit: «Nous avons décoré, mais nous ne donnons pas de bonbons»?

Je lui répondis, avec toute la finesse et la douceur dont je suis capable et avec l'esprit démocratique qui m'anime dans mes relations avec ces petits êtres dignes de respect que sont les enfants:

— Non.

— Mais, mais, mais! Est-ce que tu ne pourrais pas quand même distribuer les bonbons en gardant Bébé dans tes bras?

Encore une fois, je fis preuve de la plus grande diplomatie courtoise:

— Non.

— Mais, mais, mais! Est-ce que Papa et moi, on ne pourrait pas distribuer nos bonbons en même temps qu'on va ramasser ceux des autres?

Je n'ai pas dit «Tu verras ça avec ton père», car je tiens à mes bonnes relations de couple. J'expliquai tout bonnement en long et en large que cette suggestion, malgré son côté novateur et généreux, n'était pas de mise:

— Non.

Là, je vous avertis. Il y a un prix à payer pour être indigne. Les «sniff, sniff» qui me parvenaient de la banquette arrière ébranlèrent quelque peu ma décision, surtout que nous n'avions toujours pas de mouchoirs.

Heureusement, mon expérience me sauva. J'eus l'idée du siècle:

— Chérie, j'ai eu l'idée du siècle !

— Quoi ? (*Sniff, sniff...*)

— On va enlever les lumières d'Halloween de la gouttière, puis ensuite... on va les accrocher dans ta chambre !

— Ouuuiiiiiiiiiiiiiiiiiii ! Merci Maman, merci, merci, merci !!!

Mouchoirs ? Pas besoin, quand on possède un esprit retors comme le mien.

Alors, hier après-midi, j'ai suivi la suggestion d'Eugénie. J'ai enlevé toutes les décorations d'Halloween du terrain.

Oui, j'ai eu honte. Mais j'avoue que cette honte était aussi mêlée d'un fort sentiment d'exaltation. L'air médusé des passants qui, en cet après-midi du 31, me voyaient arracher la fausse toile d'araignée du buisson, rentrer mes citrouilles et décrocher ma guirlande de fantômes me le disait sans équivoque : j'étais indigne, pour vrai !

Pendant une dizaine de minutes, je me suis sentie vivre, enfin !

(J'exagère. Je me suis sentie vivre comme d'habitude, mais en plus méchante.)

Le soir, aucun coup de sonnette n'a retenti chez les Indignes. Je me suis amusée à jouer à la poupée avec Bébé, bien au chaud dans notre maisonnette à peine éclairée. L'énorme sac de bonbons ramené par Fille Aînée lui avait fait oublier la trahison de sa mère.

Mais soyez sans inquiétude. Ce n'était qu'une exception. L'an prochain, on reprend le flambeau. Il y a des limites qu'il faut savoir ne pas franchir. Et il ne faudrait pas que je prenne goût à ne rien respecter, quand même. Non. Surtout pas.

Sniff, sniff...

Commentaires (4):

Natcho dit:

Au fond, l'Halloween c'est quoi exactement?

Hier soir, chez nous, c'était une course pour déguiser un Fils aîné de bientôt 14 ans (!) qui a couru rejoindre ses copains dans le quartier voisin. Puis, la suite de la course pour aller *reconduire* en voiture une Grande chérie de 12 ans qui allait retrouver des copines dûment déguisées à un point de rencontre hautement stratégique: au bout d'une rue très décorée, très huppée à six kilomètres. Soirée moche à mes yeux: il pleuvait, il faisait très noir, pas vraiment chaud non plus.

Je l'avoue, je me suis sauvée tout de suite après. Elle est revenue avec le Père indigne d'une de ses amies.

Nous n'avons pas décoré chez nous. Nous n'avons pas répondu car personne n'a sonné. Nous nous en fichons tout doucement. Aucune culpabilité à avoir.

L'année prochaine, qui sait, mes enfants auront d'autres centres d'intérêts plus intéressants!

vieux bandit dit:

Ces grands ados, avec leur sac d'école! Étrange! Moi, passé 13 ans, j'avais trop honte! (À quand un programme pédagogique pour ramener la honte judéochrétienne?)

Catherine dit:

J'ai bien ri en lisant ton texte, puisque je me sentais à peu près pareil le 31. Même qu'à 16 h 30 avant de quitter le bureau je jouais à peu près la même scène au téléphone avec le Petit. Fondamentalement, en tant qu'adulte, je HAIS l'Halloween, je trouve ça laid et cheap, et vraiment mal situé dans l'année!

Puis l'atavisme de l'Halloween m'a rattrapée... J'ai décidé de faire une concession et d'aller quand même acheter des bonbons que nous pourrions distribuer en restant au chaud.

Puis, une fois à la maison, ben coudon il ne pleuvait plus, et il me semblait qu'il manquait quelque chose. Les yeux du Petit quand je lui ai dit d'aller mettre son costume ! Finalement, j'ai eu l'impression que tout le monde avait un peu passé par le même processus. Les gens étaient plus joyeux qu'à l'habitude, moins sur le pilote automatique. OK, je l'admets, j'ai eu du fun et le Petit, encore plus que les autres années !

Moralité de l'histoire : un oui les rend toujours heureux, mais un non suivi d'un oui décuple le plaisir !

P.S. Le Grand a distribué les bonbons pendant notre absence, et lui il était très content que les adolescentes de 13-14 ans passent encore l'Halloween.

Jeann'indigne dit :

Si j'ai bien compris, l'année prochaine la province de Québec au complet va suivre l'exemple de Mère indigne et décrocher toutes les décorations au matin de l'Halloween. Toutes, sauf une, celle de la famille Indigne qui devra payer de l'avoir fait cette année.

Préparez dès aujourd'hui les 7 millions et demi de petits sacs que vous devrez distribuer l'an prochain...

Confession photographique

Je n'ai pas de photos de mes enfants dans mon portefeuille.

Le père Noël est aux ordures

Un charmant court-métrage destiné aux sept ans et moins (*inédit*)

1. INT. JOUR - SALON DE LA FAMILLE INDIGNE

Le film s'ouvre sur un gros plan du calendrier. Nous sommes le 19 décembre 2006. Affalée sur le divan, Mère indigne lit avec avidité. À la couverture noire du roman, on devine que c'est un polar. À langue pendante de Mère indigne, on devine qu'il est très bien ficelé.

Fille Aînée fait irruption dans le salon. Se fichant éperdument du fait que sa mère, arrivée à la page 146, est sur le point d'être témoin d'un crime horrible, elle s'assied sur le fauteuil et la regarde avec insistance.

Mère indigne lève les yeux et s'adresse à sa fille d'un ton ravi.

MÈRE INDIGNE

Il paraît que lire fait dépenser deux calories par heure, mais ce roman est tellement bon que je dois en dépenser au moins trois ou quatre !

FILLE AÎNÉE, *qui se fiche aussi des calories*

Maman. Est-ce que tu jures de me dire toujours la vérité ?

MÈRE INDIGNE, *la tête à moitié enfouie dans son bouquin*
Hmm? Mais, évidemment, mon amour. Toujours.

FILLE AÎNÉE

Maman. Cette année, je veux que tu me dises la vérité au sujet du père Noël. Toute la vérité.

MÈRE INDIGNE, *paniquée*

Toute la vérité? Au sujet du... du père Noël? Tout de suite? Mais je... je n'ai pas de signet pour garder ma page et...

FILLE AÎNÉE

Non, maman. Pas tout de suite. Je veux que tu me dises la vérité le 25. (*Puis, après un silence menaçant, elle ajoute:*) Il te reste six jours.

Fille Aînée retourne alors dans le sous-sol se dandiner sur les succès de Star Académie, non sans jeter auparavant à sa mère un regard chargé de sombres perspectives.

Au cours de cette conversation, Mère indigne vient de dépenser 1 326 calories sans même s'en apercevoir. Par contre, elle n'est plus du tout ravie.

La caméra s'attarde sur le calendrier. Elle nous présente le 25 décembre en gros plan. Puis, cette date disparaît dans un grand tourbillon, au son inquiétant d'une fugue de Bach. (Je n'ai rien trouvé qui faisait le même effet dans le répertoire de Beau Dommage.)

2. INT. JOUR - SALON DE LA FAMILLE INDIGNE

Affalée sur le divan, Mère indigne tricote. Sur ses genoux, les fils de laine blancs et rouges nous laissent deviner l'ébauche d'un bonnet de père Noël. Mère indigne travaille rapidement, mais semble découragée.

MÈRE INDIGNE
Plus que 48 heures pour terminer la tuque de Bébé avant le matin du 25. Je n'y arriverai jamais. À moins que...

Au beau milieu d'une rangée, elle change son aiguille à tricoter numéro 4 pour une aiguille numéro 6. Regardant alors son tricot d'un œil neuf, elle laisse échapper un gloussement de satisfaction : la tuque sera terminée demain matin et Bébé n'y verra que du feu.

C'est à ce moment que Fille Aînée entre dans la pièce. Elle examine la tuque de père Noël d'un regard que l'on sent dubitatif, puis relève les yeux vers Mère indigne.

FILLE AÎNÉE
Il te reste deux jours.

Mère indigne perd illico 745 calories. Elle sent qu'elle se dégonflera encore plus dans un avenir rapproché.

3.   INT. SOIR – CUISINE DE LA FAMILLE INDIGNE
À l'aide d'un énorme couteau à la lame fraîchement aiguisée, Mère indigne s'acharne brutalement sur un cœur de céleri avant d'en plonger les morceaux dans l'huile fumante.

MÈRE INDIGNE, *en marmonnant*
La vérité, c'est que le père Noël, il... il... Hum. À vrai dire, je n'ai jamais vu le père Noël, mais ça ne veut pas dire nécessairement que... que... Non. Elle veut la vérité. Chérie, le père Noël est une

merveilleuse légende qui a été créée dans le seul but de nous faire dépenser le maximum de... Ah, et puis zut! Pourquoi c'est moi qui dois lui dire la vérité, hein? (*Elle se tourne vers Père indigne, qui équeute sereinement des haricots.*) Pourquoi pas toi?

PÈRE INDIGNE
Je trouve que c'est une belle marque de confiance à ton égard. Elle sait bien que, moi, je lui mentirais comme un arracheur de dents.

MÈRE INDIGNE
Tu n'es même pas menteur!

PÈRE INDIGNE
Ce n'est pas ce que je lui ai dit quand elle m'a demandé de lui jurer la vérité...

MÈRE INDIGNE
Salaud!

PÈRE INDIGNE, *imperturbable*
Je préfère «fin renard».

Mère indigne s'empare des carottes et du brocoli et se met à les hacher à grands gestes sauvages. La lame du couteau illumine les murs de ses reflets fous. Père indigne s'éloigne imperceptiblement.

La soupe sera pleine de vitamines, ce soir.

4. INT. JOUR – CHAMBRE DE MÈRE INDIGNE ET PÈRE INDIGNE

C'est le matin de Noël. Toute la famille s'est réunie dans le lit conjugal pour ouvrir les cadeaux. Père indigne sirote son café et Mère indigne boit ce qui ressemble à du jus d'orange, mais dans une coupe. Leurs charmants enfants sont éparpillés autour d'eux, et eux-mêmes menacent de se noyer sous une mer d'emballages.

Bébé et Fille Aînée s'en donnent à cœur joie avec leurs merveilleux nouveaux jouets (que, dans quelques semaines à peine, nous rebaptiserons «les vieilles cochonneries qui traînent partout»). Fille Aînée s'extasie tout particulièrement devant son mini-Winnie l'Ourson en forme d'étoile. C'est le cadeau auquel elle tenait particulièrement, Dieu seul sait pourquoi.

PÈRE INDIGNE, *à mi-voix*
C'est pour aujourd'hui.

MÈRE INDIGNE, *d'un ton un peu trop enjoué*
Pourquoi crois-tu que j'en suis à mon quatrième mimosa ?

PÈRE INDIGNE, *légèrement inquiet*
Ça va aller ?

MÈRE INDIGNE, *d'un ton encore plus enjoué*
Pour le père Noël, tu veux dire ? Oh, oui ! J'ai trouvé une excellente solution. Tout est sous contrôle.

Père indigne est maintenant franchement inquiet. Il va à son tour à la cuisine se préparer un mimosa. Double dose de mousseux – aussi bien être prêt à tout.

FILLE AÎNÉE
Maman?

MÈRE INDIGNE, *combattant un hoquet intempestif*
Oui, mon petit cœur?

FILLE AÎNÉE
Tu te souviens? C'est aujourd'hui que tu me LA dis. La vérité.

MÈRE INDIGNE
Oh, mais oui! C'est pourtant vrai! Eh bien, mon amour, voilà: le père Noël n'existe pas! Ah, ah, ah! *Hic*!

FILLE AÎNÉE
Quoi??? Il n'existe pas? Mais… Mais… Il m'a tout de même donné mon Winnie l'Ourson! Je lui avais demandé dans une lettre qui lui était spécialement adressée…

MÈRE INDIGNE
La lettre? Ah, ah, ah! Voyons, chérie! *Hic*! Tu me l'as fait relire deux fois, cette fichue lettre. Et puis, nous as-tu assez rebattu les oreilles avec ce Winnie! Même le cinquième voisin aurait su quoi t'offrir à Noël.

FILLE AÎNÉE

Mais... Mais... Tu m'as dit qu'on ne le trouvait pas dans les magasins, ce Winnie-là ?

MÈRE INDIGNE

C'est vrai.

FILLE AÎNÉE

Alors comment, si ce n'est pas le père Noël...

MÈRE INDIGNE

Un seul mot : eBay.

Fille Aînée se met à sangloter, le visage dans les mains.

PÈRE INDIGNE, *de la cuisine, en rajoutant une triple dose d'alcool dans sa coupe*

Bravo. Ah, là, vraiment, c'est la grande classe. Je te félicite.

Mère indigne ne daigne pas répliquer. D'un geste étudié, elle sort un sac de sous son oreiller et le vide sur le lit.

MÈRE INDIGNE

Allons, allons, chérie. Ne pleure pas. Tu vois, sur eBay, ils vendaient ton Winnie avec tout l'ensemble des figurines de Noël !

Fille Aînée, éblouie, contemple les mini-Winnies en forme de bûche de Noël, de bas de Noël, de père Noël et d'ange céleste qui s'éparpillent maintenant devant elle.

FILLE AÎNÉE
Mais... Maman! C'est génial!

MÈRE INDIGNE, *toujours humble*
Je sais. (*Puis, en direction de Père indigne:*) *Another mimosa for the winner of the last manche, por favor!*

D'un air extatique, Fille Aînée examine amoureusement chaque mini-Winnie. Mais, après quelques minutes, elle relève la tête.

FILLE AÎNÉE
Maman, si je n'avais pas voulu savoir la vérité sur le père Noël, est-ce que tu m'aurais donné seulement le Winnie Étoile?

MÈRE INDIGNE
Oui.

FILLE AÎNÉE
Et qu'est-ce que tu aurais fait avec les autres Winnies? Je ne les aurais jamais eus?

MÈRE INDIGNE, *tout sourire*
Oh, sois sans crainte! J'aurais trouvé d'autres occasions pour te les offrir. Je les aurais cachés dans un œuf de Pâques, par exemple, ou bien mis sous ton oreiller lorsque tu aurais perdu des dents...

FILLE AÎNÉE
Dans un œuf? Sous mon...? Tu veux dire que le lapin de Pâques et la fée des dents...

MÈRE INDIGNE

Oups.

FILLE AÎNÉE, *s'enfuyant vers sa chambre*

Ouiiiinnnnn !

PÈRE INDIGNE

Alors là, je te lève mon chapeau. Très fort.

MÈRE INDIGNE

Laisse faire le mousseux et sors le gros gin. Après, on avisera.

Pour en finir avec le père Noël

À glisser dans le sac d'école de votre enfant avant le 25 décembre *(inédit)*

Cher petit garçon/chère fillette,
Tu es présentement en train de lire ta toute première lettre anonyme. Comme tu as de la chance! Savais-tu que seuls les gens très importants reçoivent des lettres anonymes? En général, une lettre anonyme provient de quelqu'un qui veut nous dire des choses très déplaisantes sans vouloir se faire arracher les yeux ensuite. Je te rassure tout de suite: ta propre mère ne ferait jamais preuve d'une telle couardise et ne peut donc pas être l'auteur de cette lettre.

La chose déplaisante que quelqu'un d'autre que ta mère désire t'annoncer anonymement est la suivante: le père Noël, ce généreux bon vivant élevé aux gras *trans* et qui remplit ton jeune imaginaire d'exubérants espoirs bien emballés, eh bien, le père Noël, il n'existe pas.

Je répète, juste au cas où: *le père Noël n'existe pas.*

Je te connais, cher enfant (même si je ne suis pas ta mère ou quoi que ce soit). Tu es un fin rhétoricien, tu me feras valoir de puissantes objections. Comment le père Noël peut-il ne pas exister, lui qui mange allégrement les biscuits que tu déposes pour lui dans une petite assiette, la nuit de Noël ? Tu devras rester fort devant la brutale réalité : c'est ton père qui se lève la nuit pour manger les biscuits. (Et pas seulement à Noël, tu peux me croire : il fait le coup du snack nocturne pratiquement quatre fois par semaine. Tes biscuits Pattes d'Ours aux pépites de chocolat, ce n'est pas pour rien que ta mère doit en racheter aux trois jours.)

Je t'entends encore protester, outré, que le père Noël existe puisqu'il répond toujours à la gentille lettre que tu lui envoies chaque année. Pauvre petit, j'ai de bien mauvaises nouvelles pour toi. Le temps est venu d'ouvrir tes yeux innocents à une énorme et laide conspiration. En vérité, je te le dis : toutes les lettres adressées au père Noël (Pôle Nord, HOH OHO) sont en fait promptement acheminées à un conglomérat de distributeurs de jouets. Ces capitalistes sans scrupule s'empressent de répondre aux enfants que oui ! évidemment ! ils recevront tous les joujoux mentionnés sur leur liste et dont ils rêvent si fort. Les parents, *tes* parents, se retrouvent alors prisonniers de ces promesses intéressées. Ils n'ont guère d'autre choix que de se ruiner en temps et en argent pour parvenir à trouver des objets aussi ridicules et improbables qu'un Winnie l'Ourson déguisé en étoile de mer ou une figurine de dragon aux allures de travesti parti en goguette au carnaval de Rio.

Tu me répliqueras que c'est impossible, que les parents ne peuvent pas se ruiner de la sorte ! Passionnément, tu feras valoir que, comme chacun sait, ce sont les *lutins* qui fabriquent à titre gracieux les jouets que le père Noël enfourne dans sa besace et distribue à tes copains du monde entier. Mais un simple coup d'œil sur le relevé de carte de crédit ci-joint te convaincra que, si lutins il y a, ces petits bonshommes verts sont totalement au fait des lois du marché.

Qui plus est, tu dois savoir que la plupart des lutins dont tu parles n'habitent pas au pôle Nord, mais en Chine, et que, s'ils sont verts, c'est parce qu'ils peinent dix-huit heures par jour à fabriquer, de leurs mains frêles et abîmées, des babioles bas de gamme que leurs patrons véreux revendront au prix du gros aux distributeurs de jouets susmentionnés. Et eux, pour finir, nous refileront cette camelote à grands renforts de chiffres avant la virgule. Tout ça pour que des petits Occidentaux comme toi ne fassent pas une crise de nerfs si, par malheur, il manquait l'épée laser de Luke Skywalker sous le sapin de Noël. (D'ailleurs, l'an prochain, tu recevras sûrement une lettre anonyme au sujet du maudit sapin et de ceux qui y mettent les décorations sans vouloir aider leur maman à les ranger, une fois janvier venu.)

J'espère, mon cher petit, que cette histoire de père Noël est réglée une fois pour toutes. Je sais que ton cœur saigne, que tous tes beaux rêves gisent maintenant en lambeaux sur le parquet boueux de l'innocence perdue. Mais tu seras bientôt en troisième année, et en troisième année, lorsque tes camarades se moqueront des quelques imbéciles qui croient encore au gros barbu tout rouge, tu remercieras de toute ton âme l'auteur de cette lettre qui, en te soumettant à un éveil douloureux, t'aura aussi épargné les sarcasmes des chefs de ton clan.

Joyeux Noël tout de même, mon chéri. Tu auras probablement de beaux cadeaux, mais, si j'étais toi, je ne compterais pas trop sur un Winnie l'Ourson déguisé en étoile de mer.

Signé: Quelqu'un qui te veut du bien (même si ce n'est pas ta maman).

Les enfants, c'est dégueulasse
L'apocalypse dans 5, 4, 3...

Mesdames, vous voulez mettre un peu de piquant dans la vie de vos proches? C'est facile. Partez.

Non, non! Ne faites pas vos valises! Quand je dis «Partez», je veux dire qu'il vous suffit de partir cinq minutes.

Par exemple, samedi soir, dernier, il fallait aller chercher des frites pour accompagner les moules marinières (on n'épouse pas impunément un Belge). Afin de montrer à Fille Aînée que la culture ne s'arrête pas à lire des BD, Père indigne est occupé à lui installer *Le gendarme et les extraterrestres* dans le DVD. Or, pour que le DVD arrive à produire du son, il faut que ce soit Père indigne qui installe les films (il a fait exprès de brancher plein de machins derrière la télé, exprès pour que vous vous sentiez incompétente). *Ergo*, vous vous portez volontaire pour les frites.

Bon, il y a aussi le fait qu'à la Belle Province que vous fréquentez les gars derrière le comptoir sont pas mal, mais alors là, pas mal du tout. Il y en a un super baraqué mais pas trop, comme un nageur — et il se balade toujours en t-shirt serré —, et un autre qui a un de ces sourires! Juste à les voir tremper leurs frites dans l'huile chaude... Mais je m'égare.

« Bon, les amours, je reviens dans cinq minutes ! »

Et cinq minutes plus tard, vous êtes de retour dans le nid familial.

Où Bébé hurle à pleins poumons.

Où Fille Aînée, hystérique, vous affirme que quelque chose s'est produit de « vraiment DÉ-GUEU, Maman !!! »

Et où Père indigne a l'air de Gilligan qui aurait subi une journée, que dis-je, une semaine particulièrement éprouvante sur une île inhospitalière d'où Ginger et Marianne se seraient enfuies en le laissant se débrouiller avec un capitaine incontinent.

Les divers témoignages qui vous parviennent de toutes parts vous permettent de reconstituer les faits :

« C'était dégueulasse ! » (Fille Aînée)

« Bon. Bébé s'est pris le pied dans le tabouret et j'ai essayé de l'enlever mais ça lui a fait mal. » (Père indigne)

« C'était dégueulasse ! » (Fille Aînée)

« Mais le pire, c'était avant. » (Père indigne)

« Ouais, c'était dégueulasse ! » (Fille Aînée)

« J'écoutais *Le gendarme* avec Fille Aînée, et Bébé se promenait autour… » (Père indigne)

« C'était dé-gueu-lasse ! » (Fille Aînée)

« … Elle n'avait pas de couche. » (Père indigne)

« C'était dégueulasse ! » (Fille Aînée)

« Alors j'entends des bruits bizarres… » (Père indigne)

« Dégueu !!! » (Fille Aînée)

« … et je la vois assise par terre, en train de bouffer quelque chose… » (Père indigne)

« C'était… ! » (Fille Aînée)

« Y'avait comme deux crottes… » (Père indigne)

« Ouache ! » (Fille Aînée)

« ... et elle en avait sur la langue. » (Père indigne)

« Maman, là, c'était vraiment dégueulasse. » (Fille Aînée)

« Je l'ai lavée partout, là, ça va. » (Père indigne)

« Mais c'était dégueulasse. » (Fille Aînée)

Cinq minutes, pensez-vous, impressionnée. Cinq minutes !

Le jour suivant, pour faire un test d'action-réaction, Père indigne raconte la mésaventure à Eugénie.

« J'ai vraiment insisté sur les détails, me dit-il après coup, pour voir jusqu'à quel point je pourrais la déstabiliser. »

« Et qu'est-ce qu'elle a dit ? »

« Elle m'a dit : "Tu aurais dû le mettre dans ta bouche, le caca !" »

Là, j'en ai été émerveillée. Sérieusement, j'ai eu l'impression d'assister à un moment charnière de l'évolution humaine, comme si quelqu'un voyait, dans sa cour arrière, un homme du néolithique taponner après une roche pour fabriquer la première roue.

Parce qu'enfin, que je sois pendue si Père indigne n'a pas été témoin d'une forme primitive et rudimentaire de l'expression populaire « Mange donc de la... ! »

C'est beau, la marche des civilisations.

Après le sport extrême...

Je suis d'accord avec vous: la vulgarité, c'est vulgaire. Mais les temps sont durs, une grosse semaine nous attend tous et ce ne sont pas quelques mauvais mots, comme dirait Fille Aînée, qui nous feront peur.

Alors, voilà, directement tirés du purgatoire de Mère indigne, «les mots d'enfant extrêmes». Dans les circonstances, et les mots, et l'enfant sont extrêmes.

Pour apprécier pleinement les faits, il est nécessaire de faire une petite mise en contexte sur les protagonistes:

Père indigne: docteur en physique qui adore expliquer tout et n'importe quoi à n'importe qui, y compris aux enfants. Il prend pour ce faire un ton très, très gentil qui vise à mettre à l'aise des interlocuteurs jusqu'à concurrence de 22 de quotient intellectuel. J'aime quand Père indigne explique des choses. Parfois même, le soir, cela m'aide à m'endormir.

Eugénie: la fille d'amis qui habitent à proximité. Ce sont des gens en tous points corrects et leurs deux premiers rejetons sont tout ce qu'il y a de bien élevés. Eugénie n'en est que davantage une énigme. Je n'avais jamais vu auparavant une enfant de cinq ans blasée. Parlez-lui de n'importe quoi, elle s'en fout. En général, d'ailleurs, elle ne répond pas quand on lui parle, et si par hasard elle daigne réagir à nos interpellations, ce sera par un «Quessé?» à la limite de l'agressif. Heureusement, elle n'a pas encore appris à jouer du majeur parce que, ce jour-là, on va tous y goûter. Par contre, son côté blasé est compensé, si j'ose dire, par une tendance fouineuse pour tout ce qui ne la regarde pas, d'où les «de quoi? de quoi?» qui ponctuent l'arrière-plan des conversations qui ne s'adressent pas à elle.

Père indigne, Eugénie... Vous voyez venir le choc des cultures?

Par un bel après-midi, Père indigne sort de la salle de bain, portant Bébé emmitouflé dans une grande serviette faite à 90% de fibres de bambou. Étonnamment, c'est très doux et Père indigne n'a de cesse de s'extasier devant le phénomène. Comme Eugénie et Fille Aînée traînent dans les parages, Père indigne saute sur l'occasion de répandre la culture dans le monde.

Père indigne — Dis donc, Eugénie, est-ce que tu sais c'est quoi, du bambou?

Eugénie — Quessé?

Fille Aînée, toujours la bonne élève — C'est ce que mangent les pandas!

Eugénie — Quessé?

Père indigne — Oui, c'est ce que mangent les pandas. C'est une essence de bois, mais imagine-toi qu'on peut aussi en tirer un fil! Et (roulements de tambour) la serviette de Bébé est faite en fibres de bambou. C'est très doux, tu vas voir.

Et Père indigne d'avancer vers Eugénie et de faire mine de lui toucher le bras avec ladite serviette. Eugénie, qui deux secondes auparavant avait l'air de quelqu'un à qui on parle REER, FERR et préarrangements funéraires dans un party de bureau, recule précipitamment et, d'une voix stridente, s'écrie: «HEILLE! J'veux pas sentir le CUL!»

Sur ce, les deux filles courent se réfugier dans le sous-sol.

Je regarde Père indigne, Père indigne me regarde.

Si ça avait été notre fille, on ne l'aurait pas trouvée drôle.

Mais là, je l'avoue, on a ri comme des bossus. Chaque fois qu'Eugénie remontait dans la cuisine, je me pinçais discrètement le nez d'un air dégoûté, et on s'esclaffait de plus belle, provoquant chaque fois une ribambelle de «De quoi? De quoi?» anxieux.

À un certain moment, on s'est calmés, mais Père indigne en a lâchement profité pour me demander, d'un air inquiet: «Chérie, dis-moi la vérité. Est-ce que c'est vrai que mon bambou sent le cul?» Un «De quoi?» nous est parvenu dans le lointain, et c'était reparti pour un tour.

Ce soir-là, j'ai même eu de la difficulté à chanter ses berceuses à Bébé sans pouffer de rire.

Mais, derrière ces manifestations de joie, un nuage sombre. Peut-être rira-t-on moins quand Fille Aînée et Eugénie seront adolescentes?

Sam Pique! Sam Pique!

Père indigne — Aujourd'hui, Eugénie a joué à «Jean-dit» avec Fille Aînée.

Mère indigne — Ça a donné quoi?

Père indigne — «Jean dit: Gratte-toi le cul.»

Silence.

Mère indigne — «Gratte-toi le cul»?

Père indigne — Oui.

Mère indigne — T'es sûr qu'elle n'a pas dit «Gratte-*moi* le cul»?

Silence.

Mère indigne — C'est juste pour être sûre.

Père indigne — Je serais intervenu.

Assumer sa vache intérieure

Connaissez-vous la croyance selon laquelle on sera puni pour nos bonnes actions?

Croyez-moi, c'est vrai. Je l'ai vécu. Et, aujourd'hui, j'en témoigne.

Il y a quelques semaines, nous préparions, Fille Aînée et moi, une expédition au magnifique parc des Prairies. Au grand ravissement de Fille Aînée, le pique-nique était inclus dans le forfait. À mon avis, il n'y a pas grand-chose de plus ennuyant que de préparer des sandwichs, mais je me concentrai sur la scène bucolique qui suivrait, au bord de l'étang fréquenté par pics-bois, canards et tortues, et je me convainquis que le jeu en valait la chandelle.

Les préparatifs allaient rondement, nous étions presque en route, quand soudain, dans l'embrasure de la fenêtre, surgit une silhouette digne des pires cauchemars… Eugénie!

« Maman, tu penses à ce que je pense? » me souffla Fille Aînée. Quoi? Tu crois que, si on se couche en boule par terre et qu'on fait le mort, elle va s'en aller? « On devrait l'inviter à venir avec nous! » Ah, d'accord. Quelle idée géniale; j'en ai la chair de poule.

Eugénie fut donc invitée en bonne et due forme. Après avoir accepté, elle eut la délicatesse de m'avertir:

Eugénie — J'm'esscuze aké, mais ça s'peut que j'sente la vache.

Mère indigne — Comment ça ???

Eugénie — Hier, j'ai visité une place où y'avait plein de vaches.

Mère indigne — Et hier soir, tu n'as pas pris ton bain ?

Eugénie — Ah, ouain. Mais j'me suis pas vraiment lavée.

Je confectionnai en grommelant un troisième sandwich pour la vachette de service, et nous nous dirigeâmes vers les prés tapissés d'herbe tendre.

Au parc, tout se déroula dans une atmosphère relativement sereine. Enfin, la plupart du temps. Alors que nous admirions les châtaigniers (marronniers ? autre chose ? Quoi qu'il en soit, c'étaient des arbres) en fleurs, Fille Aînée entreprit d'éduquer Eugénie sur les bienfaits de la nature.

Fille Aînée — Dis donc, Eugénie, savais-tu que les arbres respirent ?

Eugénie — Ouain. Y sont vivants.

Fille Aînée — Oui, mais sais-tu que c'est grâce à eux que nous, on peut respirer ?

Eugénie — Hein ?

Fille Aînée, qui adore déléguer — Maman, tu nous expliques ?

Mère indigne — Hum. (Comment ça marche, déjà ?) Euh, le jour, ils rejettent du mauvais air, puis la nuit ils prennent notre mauvais air pour en faire du bon. (Père indigne me confirmait hier soir qu'il s'agit en fait plus ou moins de l'inverse. Mais on peut s'entendre pour dire qu'il y a la lettre et l'esprit de la lettre, pas vrai ?)

C'est alors que Fille Aînée, très Julie Andrews dans *La mélodie du bonheur*, lève les bras au ciel, renverse sa tête par derrière, prend un grand respir et s'écrie : « Ça sent BON, du BON AIR PUR !!! »

Le moment parfait pour Eugénie, qui ajoute : « Ouain, ben moi, j'ai pété. »

Bucolique, la scène, je ne vous dis pas.

L'heure de s'en aller venue, comme lors de toute sortie qui se respecte, vint la question du Dairy Queen.

« Heille, Mère indigne, on va-tu aller au Dairy Queen ? »

« BONNE IDÉE EUGÉNIE !!! Oui, Maman ! Dis oui ! »

Pour tout vous dire, j'avoue que ça me fait toujours un peu mal aux dents de sortir des sous pour Eugénie. Mais je sais reconnaître la radinerie mesquine quand elle me tripote les courbes du portefeuille, et je me contraignis à accepter la demande.

À certaines conditions.

« Écoutez les filles. Bébé est fatiguée. J'aimerais mieux rentrer tout de suite, mais je vais faire un marché avec vous. Si Bébé ne pleure pas quand nous serons arrivées au Dairy Queen, et si il y a une place de stationnement juste en face de la vitrine, et s'il n'y a pas trop de personnes dans la file, et si vous me promettez de rester tranquilles dans l'auto, je vais aller en vitesse vous chercher vos cornets. C'est clair ? »

« OUIIIIII !!! »

Ah, ah, ah ! Je les avais bien eues ! Jamais toutes ces conditions ne seraient réunies !

Elle le furent.

Je me sentais un peu mal à l'aise à l'idée de laisser les filles seules dans la voiture, mais tout de même : Fille Aînée a sept ans, le quartier est tranquille et, surtout, je pouvais exercer une surveillance de tous les instants par la grande baie vitrée du commerce. En cas de pépin, j'étais à quatre enjambées de la voiture. J'allai donc chercher les cornets, envahie, malgré tout, par un sentiment dérangeant de culpabilité.

J'étais de retour dans la voiture deux minutes plus tard, montre en main. Soupir de soulagement. Que dis-je, euphorie ! Tout s'était bien déroulé !

« Qu'est-ce qu'on dit, les filles ? »

« Merci, Maman ! »

« Merci, MADAME LA FOLLE ! »

« ... Heu, Eugénie, j'espère que tu sais que, si tu ne t'excuses pas, c'est la dernière fois que je t'amène au Dairy Queen. »

« Quoi, c'est vrai que t'es FOLLE, tu nous as laissées TOUTES SEULES DANS L'AUTO ! »

Je fermai les yeux. Dans ma tête, des images fragmentées d'Eugénie divulguant mon crime à ses parents. De la police qui viendrait sonner chez moi. De manifestations de voisins fous de rage devant mon domicile, murmurant qu'on ne peut s'attendre à beaucoup mieux du monde qui a le gazon trop long. De la DPJ emportant mes enfants en larmes loin, très loin de moi. De Père indigne en profitant pour me faire des blagues belges.

Mais surtout, et je m'en excuse, résonna jusqu'au tréfond des moindres fibres de mon corps ce cri du cœur: Petite salope !!!

Je l'avais emmenée au parc ! Je lui avais acheté un cornet à deux dollars ! Je lui avais fait un sandwich, bordel ! Et elle, elle me tenait par où ça fait mal. Et elle serrait fort.

Mes mains tremblantes agrippaient le volant, mes phalanges blanchies annonçant avec éloquence qu'on avait déjà tué pour moins que ça.

Elle n'avait que cinq ans ? Et alors ?! Je la détestais.

D'une voix blanche, je répliquai finalement: «Eugénie. Je vous ai surveillées tout le temps. J'étais à moins de cinq mètres de la voiture. Si ça n'avait pas été le cas, tu n'aurais pas eu de cornet.»

Silence.

«Alors, tu t'excuses?»

Autre silence, puis: «J'm'esscuze. On va-tu pouvoir revenir?»

«Mais oui, Eugénie, elle avait dit que, si tu t'excusais, on pourrait revenir. Hein, Maman, on va revenir?»

Oh, oui, ma chouette. On va revenir. À deux.

Mais j'espère que tu sais qu'Eugénie, son cornet à elle, il est cuit!

Tout à coup, dans la voiture, ça s'est mis à sentir la vache. La grosse vache. Et j'assumais très bien ce nouveau rôle.

Confession républicaine

Quand Bébé était toute petite, je lui trouvais parfois des airs du président Bush.

Le repas le plus important de la journée

Je gardais ma nièce de trois ans et demi ce week-end, et évidemment, comme tout le monde fait dans les circonstances, j'ai emmené les enfants chez les grands-parents dimanche.

Dans la voiture, trois enfants. La plupart du temps, l'enfer. Quand l'une ne pleurait pas parce qu'elle avait perdu sa su-suce (un classique), l'autre se prenait le bras dans son col de chandail et manquait mourir asphyxiée (une nouveauté).

Mais c'est quand même dans la voiture que j'ai eu droit au moment le plus rigolo de la fin de semaine :

Fille Aînée — On joue aux devinettes!

Nièce — Ouiiiiii!

Fille Aînée — Je commence. C'est brun, ça se boit...

Nièce — Du lait?

Fille Aînée — Non. C'est *brun*.

Nièce — Je donne ma langue au chat!

Fille Aînée — Mais non, voyons. C'est facile. C'est brun, ça se boit, et... ET! (*on sent qu'elle a trouvé l'indice qui tue*), tes parents en boivent chaque matin au déjeuner!

Nièce — Aaaaaah, ouiiiiii ! Un graaand verre de vin !

Bon, d'accord, elle s'est mélangée avec le souper, mais comme l'a dit Sœur indigne quand je lui ai raconté cette histoire, parfois, ce n'est pas l'envie qui manque.

La honte

Être parent, cela signifie être parfois aux prises avec la honte. Pas la honte de nos enfants, non (quoique), mais la honte de soi-même, qui, dans certaines circonstances, s'illustre magnifiquement par l'expression « filer *cheap* ».

Après le classique « La fois où j'ai eu l'air le plus fou » du défunt magasine *Croc*, voici donc Mère indigne dans « La fois où j'ai filé le plus *cheap* » :

Bébé, Fille Aînée et moi sommes en voiture. Dans le gros trafic. J'ai particulièrement hâte d'arriver à la maison, parce que Bébé a décidé qu'au lieu de dormir elle préférait jouer à l'enfant martyr et hurler à pleins poumons aussi longtemps qu'elle serait sanglée dans son siège.

Fille Aînée, quant à elle, remue. Sans arrêt. J'essaie de me concentrer sur la route malgré les cris de l'une, et font constamment irruption dans mon champ de vision, à la hauteur du frein à main, une jambe, un bras et les couettes de cheveux de l'autre.

Les minutes sont longues, très longues.

Mère indigne — Chérie, reste assise comme il faut, s'il-te-plaît.

Fille Aînée — As-tu un crayon?

Mère indigne — Chérie, il y a du trafic, je dois regarder la route, je ne peux pas chercher de crayon.

Mais, pendant que je proteste, ma main droite fouille entre les deux sièges avant et agrippe un crayon.

Mère indigne — Bon, tu as de la chance, j'en ai un. Tiens.

Fille Aînée — Merci.

Bon. Concentrons-nous sur la rou…

Fille Aînée — As-tu un papier?

Je laisse échapper un gros et long soupir. N'oublions pas que, pendant tout ce temps, Bébé hurle, hurle encore et hurle toujours plus fort.

Mère indigne — Chérie, je conduis. Il y a du trafic. Ce n'est pas le moment pour moi de chercher un papier.

Ma main droite, qui a décidé aujourd'hui d'ignorer résolument ce que fait la gauche, c'est-à-dire conduire comme il se doit, re-fouille entre les deux sièges et ressort avec une vieille passe de stationnement verte.

Mère indigne — Bon, tu as de la chance, j'en ai un. Tiens.

Fille Aînée — Merci.

Bon. Concentrons-nous sur la rou… (Une masse chevelue se met à frétiller à ma droite.)

Mère indigne — Chérie, *arrête de bouger!*

Fille Aînée — Mais ma ceinture est bloquée!

Mère indigne — C'est parce que tu n'arrêtes pas de remuer! Détache-la et remets-la, mais dépêche-toi!

Fille Aînée — C'est parce que je veux mettre un papier sur le siège en avant!

Mère indigne — Ce n'est pas le temps de faire ça!

Plein de voitures tout autour, cris stridents à l'intérieur, et Fille Aînée qui s'étire malgré tout entre les deux sièges. Un petit papier vert atterrit sur le sac à couches.

Mère indigne — Bon, là, *ça suffit.* Je suis vraiment de mauvaise humeur. Tu me déranges, tu ne restes pas assise à ta place et c'est dangereux. Tu vas rester assise comme il faut jusqu'à la maison, sinon ça va aller mal. Compris ?

Fille Aînée — Mais...

Mère indigne — Ça suffit. Tu. Restes. Assise !

Silence. Même Bébé a arrêté de crier (devrais-je m'inquiéter ? Je ne me pose même pas la question). Fille Aînée semble vaguement malheureuse, mais là, franchement, je m'en fous. Je suis très tatillonne sur la sécurité en voiture et elle a dépassé mes bornes.

Nous parcourons encore deux kilomètres à pas de tortue. Enfin, enfin !, nous prenons la bretelle de sortie de l'autoroute de l'enfer et retrouvons notre banlieue d'amour et notre *driveway* chéri.

Une fois sortie du cauchemar, le contenu du chaudron a cessé de bouillir et je commence à me sentir un peu mal de m'être emportée. Je m'apprête à dire un mot gentil à Fille Aînée pour la remettre d'aplomb, mais avant de sortir de la voiture mes yeux se posent sur le petit papier vert : « MAMAN JE T'AIME ».

Tous ensemble : Ah, merde.

Fille Aînée — C'est pour ça que je voulais te le mettre en avant...

Évidemment, tous les petits mots gentils ont été prononcés, mais il était trop tard. Malgré toutes les justifications du monde, le sentiment d'avoir été horriblement *cheap* s'était abattu sur moi comme une tache tenace, et je n'aurais pas assez de Monsieur Net pour la déloger...

Anecdote pour un jour de pluie

Quoi de plus réjouissant que la sexualité?

Et quoi de plus paniquant que les questions sur la sexualité?

Fille Aînée a bientôt 7 ans. Nous avons bien sûr abordé l'aspect «reproduction» avec elle au cours de la dernière année et demie – mon ventre grossissant lui aurait certainement paru un peu étrange autrement. Mais Fille Aînée n'est pas du genre à poser énormément de questions sur le sujet. J'ai dû plus souvent débattre avec elle de thèmes comme: «Qu'est-ce qui est le plus important, la morale ou la religion?» (la morale, parce que ça vient avant; et ne me parle pas de l'œuf et de la poule) ou «Pourquoi on crie "Non à la guerre, oui à la paix" maintenant, i.e. dans la rue à -30?» (parce que si on se met à crier «Oui à la guerre, non à la paix» maintenant, on va se faire lyncher).

Bref, jusqu'à maintenant, la sexualité pour Fille Aînée se résume pas mal à rire quand elle aperçoit le kiki de Papa, et je ne m'en plains pas trop. (Papa non plus; ce n'est pas comme si c'est moi qui riais de son kiki, hein.)

Ce qui ne veut pas dire que je ne me considère pas comme préparée à toute éventualité. Pour résumer la chose, je suis dans une P.A.S. (position d'attente sereine). Or, cette P.A.S. a été mise à l'épreuve il y a quelques mois. La bombe a été larguée pendant que nous soupions tranquillement tous les trois.

Fille Aînée — Maman, est-ce que je peux te poser une question, heu, sexuelle ?

O.K., Maman, c'est l'heure. Check P.A.S. — tout a l'air fonctionnel... GO, GO, GO !

Mère indigne — Ouiiii ?

Fille Aînée — Tu es sûre, ça ne te dérange pas ? C'est une question un peu sexuelle, hein.

Mère indigne, concentrée à mort — Non, non, pas du tout ! Vas-y, ma chérie.

Fille Aînée — Il va où, heu...

(Petit aparté : Vous savez, quand ceux qui ont échappé à la mort disent qu'ils ont vu toute leur vie défiler devant eux ? Moi, c'est toute une myriade de possibilités qui se sont bousculées dans mon esprit en déroute.

Il va où, heu... le zizi ? Facile ! Dans la zézette, voyons ! Enfin, en général. Comment ça, « en général » ? Heu, écoute, demande à ton père. Et ne va pas faire une recherche sur Google.

Il va où, heu... l'œuf ? Quel œuf ? Celui du papa ou celui de la maman ? Comment ça, tu ne sais pas ? Renseigne-toi avant de poser des questions, bon sang ! En tout cas, si c'est de l'« œuf » du papa que tu parles, hé bien il est dans le nid. Quel nid ? Mais, le nid qui est dans le trou, qui, lui, est dans le nœud. Et le nœud, c'est simple, il est sur la branche. [Wow ! Je n'avais jamais remarqué le potentiel didactique de cette chanson.] Et puisque tu veux vraiment tout savoir, hé bien l'arbre, il est dans ses feuilles, voilà ! Maridon-dondé et C.Q.F.D.

Fin de l'aparté.)

Mère indigne — Hum. Tu dis, chérie ?

Fille Aînée — Il va où, heu, le caca, une fois qu'on a tiré la chasse ?

Mère indigne — Hum. Hum… Prrrfffft… Ah, ah, ah ! Excuse-moi, je pensais à autre chose. Bon, il va dans les égouts, et ensuite dans les eaux usées, comme dans Nemo. Hum hum. Prff… Désolée, chérie, je dois aller aux toilettes.

De retour au calme, quelques instants plus tard, et espérant vraiment qu'elle ne me demandera pas de faire une recherche sur Google :

Mère indigne — Heu, tu sais chérie, le caca, ce n'est pas vraiment sexuel.

Fille Aînée — O.K. Et le kiki ? C'est sexuel ?

Mère indigne — Oui.

Fille Aînée — Ah, bon.

Comment Père indigne a fait pour garder son sérieux pendant cette conversation, à ce jour, je l'ignore encore. Mais il est vrai qu'à « je te tiens, tu me tiens par la barbichette », c'est moi l'éternelle perdante.

Et ne vous en faites pas, quelques explications supplémentaires ont été offertes… Le strict nécessaire, quoi : la sexualité, c'est ce qui concerne les bébés. Pour le reste, je compte offrir à Fille Aînée la discographie complète de Zachary Richard. Elle devrait avoir amplement de quoi méditer sur le sexe avec ça.

Le Nouveau Testament selon Eugénie

Peu avant le souper, Eugénie sonne à la porte, question de grappiller un petit quinze minutes avec sa copine. Fille Aînée l'accueille ainsi :

— Toi, Eugénie, est-ce que tu connais Jésus ?

— Ben... ouain.

— Parce que moi, j'ai des bandes dessinées de Jésus. Ça te tente de les voir ?

— Ben... ouain.

(En passant, ce sont *mes* bandes dessinées de Jésus. Que ma grand-mère Thérèse m'a données quand j'étais petite. Je les adorais. Et Fille Aînée – qui, à son grand dam, n'est pas baptisée – les adore aussi. Jésus, c'est une très belle histoire. Voyons si Eugénie pourra en retenir quelque chose...)

Les filles descendent au sous-sol pour jaser versets bibliques. Dix minutes plus tard, le souper est prêt. Eugénie s'éclipse.

Alors que nous sommes tous attablés devant un sublime repas préparé par votre humble servante, Fille Aînée déclare : « Maman, y'en a qui disent que c'est sexy s'embrasser sur la bouche quand on est tout nus. Mais moi, je trouve pas. »

Mère indigne et Père indigne — Qui, que, quoi !!!

Fille Aînée — C'est vrai, hein. Y'en a qui disent ça. Mais moi, je trouve pas.

Mère indigne — Qui t'a dit que c'était sexy?

Fille Aînée — Eugénie, tantôt.

Ouaipe, mesdames et messieurs.

Pendant toutes ces années, il y a comme qui dirait un bout important de la visite de l'archange Gabriel qui m'avait complètement échappé.

Trucs improbables et astuces indignes
Un anti-truc de Mère indigne

Bon, me suis-je dit ce matin. La fête 'des Mères est finie, on va arrêter de se péter les bretelles et de jouer les plus-que-parfaites. On va arrêter de faire accroire qu'il y a juste Père indigne qui déconne dans cette maison. On va s'atteler, puis on va dire toute la vérité.

Il est temps, me suis-je dit ce matin, de me sortir la tête du sable, de retrousser mes manches, d'avaler mon orgueil, d'endosser mon plus bel habit d'humilité et de vous raconter... La Fois Où J'ai Eu l'Air La Plus Stupide.

Il était une fois Mère indigne qui faisait à manger à Bébé. Comme j'avais cru comprendre dans un livre qu'il est préférable de donner du jaune d'œuf mélangé avec des légumineuses si Bébé n'a pas de viande ou de tofu au repas, j'entrepris d'écraser à la fourchette des pois chiches dont j'avais religieusement retiré l'enveloppe transparente, pour ne pas que Bébé s'étouffe avec. Écraser à la fourchette, mentionnais-je, parce que, comme a coutume de dire Yoda, problèmes de mixeur notre maisonnée avait.

La purée ainsi préparée aurait eu tout pour plaire à Bébé, si ce n'avait été des grumeaux. En effet, j'avais eu beau écraser à qui mieux mieux, quelques mini-morceaux de ces saloperies de pois chiches avaient le culot de résister à l'envahisseur fourchu. Et pour un bébé de huit mois, des mini-morceaux de pois chiches, c'est dur et ça énerve.

Après quelques bouchées retournées à l'expéditeur par crachat express, je me rendis à l'évidence : entre les mini-morceaux de pois chiches et moi, il n'y aurait pas de stratégie gagnant-gagnant. Et comme j'étais la seule à posséder un cerveau, je devais me montrer à la hauteur. Les pulvériser, quoi.

Cependant, rappelez-vous, pas possible d'utiliser le mixeur. Un tamis aurait été l'idéal, mais il manque à mon par ailleurs très large (*tousse, tousse*) éventail d'outils de cuisine. Un égouttoir pour les pâtes ? Une inspection me révéla des trous trop gros pour faire convenablement la job.

C'est alors que j'eus l'Idée de génie, l'Éclair d'inventivité du siècle.

Et c'est là que ça dérape sérieusement, mesdames et messieurs. Car c'est là qu'apparaît le « Y'a rien qu'à » initiateur de toutes les bêtises.

Qui a besoin d'un tamis ?, me suis-je dit dans ma grande sagesse. Y'a rien qu'à mettre la purée grumeleuse dans un gant de toilette (oui, vous avez bien lu) et à presser. Du coup, la purée toute lisse va sortir alors que les méchants grumeaux vont rester emprisonnés dans le gant de toilette. Dans ma tête, c'était de toute beauté. L'application ingénieuse d'une simple loi de la physique.

J'avais oublié que ce n'est pas moi, le docteur en physique de la maison.

Je vais vous le dire ce qui se passe quand on met de la purée dans un gant de toilette et qu'on presse, mesdames et messieurs. Toute l'eau sort de la purée alors que toute la vraie nourriture, elle, se transforme en un magma asséché et rugueux – magma que l'on doit alors extirper du fond d'un gant de toilette.

J'avais inventé un truc qui était à la fois l'opposé de pratique et le contraire d'appétissant.

Je vous jure qu'avant de voir l'eau sortir toute seule du gant de toilette je n'avais même pas l'impression d'être en train de faire quelque chose de stupide. Mais, quand le liquide vert-brocoli a giclé au fond du bol, la révélation de ce que j'avais accompli m'a frappée de plein fouet.

J'avais enfourné la nourriture de Bébé dans un gant de toilette ???

Mais, vous demandez-vous, quand donc s'est déroulé cet épisode honteux ? Sûrement, cela a dû se produire quand Fille Aînée n'était qu'un bébé et que vous, Mère indigne, n'étiez encore qu'une génitrice amateur bas de gamme ?

Hé bien non, mes amis. C'était il y a trois semaines.

Allez, riez. Bidonnez-vous, ça me fait plaisir et c'est gratuit. Mais dites-vous bien une chose : *personne n'est à l'abri.*

⌣

Père indigne, le soir où je lui racontai ma brillante expérimentation, eut ce brillant commentaire :

« Le vieux dicton dit donc vrai : On a toujours besoin d'un petit ami à la maison. »

Petit ami, petit tamis…

Il est drôle, quand même, le bougre.

Combien de fois faut tourner la langue, déjà?

Bon, bon, bon.

Je vais être obligée d'être un peu vulgaire, là, vers la fin.

C'est bien pour dire. Pendant quinze ans, on fréquente Aristote, Descartes, Hobbes, Kant, Rousseau et Heidegger et une fois, juste une fois, on se laisse aller à lire un roman de Xaviera Hollander, et devinez ce qui colle?

Soupir.

Mais ce n'est pas complète-ment ma faute. C'est un peu celle des enfants. Car, sachez-le, l'innocence n'est pas l'antithèse de la vulgarité. Sans le faire exprès, elle peut même la provoquer. J'en veux pour preuve ces quelques anecdotes, dont le but est de vous rappeler qu'avant de se commettre en répondant à une question il vaut toujours mieux examiner ses dessous (les dessous de la question, il va sans dire. Mais vous pouvez faire ce que vous voulez, tant que ça reste dans votre intimité).

Je ne me souviens plus de l'origine exacte de l'histoire, mais me semble que ça vient de la famille proche (étonnant, non?). Elle met en scène un fiston de quatre ans et son papa.

— Papa, qu'est-ce que c'est, un condom?

— Heu, un condom?

— Oui.

— C'est, heu, quand un papa et une maman ne veulent pas faire un autre petit bébé, heu…

— Mais c'est *quoi* ?

— … Euh, c'est une sorte d'enveloppe pour ne pas que le bébé se fasse dans la maman. Et il faut la mettre sur heu…

— C'est une enveloppe ?

— Oui. Une sorte de plastique.

— C'est ça, un condom ?

— Oui.

— C'est ça que tantine s'est achetée à Saint-Sauveur ?

Hé bien oui, chers amis. Le petit bout parlait d'un condo.

J'ai l'habitude des questions sexuelles de Fille Aînée, alors je ne tombe pas facilement dans le piège. Mais, hier soir, elle a failli m'avoir :

— Maman, qu'est-ce que ça veut dire « rester vierge » ?

— Pouf, pouf. Rester vierge. (Argh.) Ça veut dire… que… tu… (Attention ! Alerte rouge ! Ne te fais pas prendre à expliquer ce qui ne doit pas l'être !) Hum, tu parles de « rester vierge » comme dans quelle phrase ?

— « Ce terrain doit rester vierge. »

— Ah ! (Ah, ah !) Ça veut dire qu'on ne peut rien bâtir dessus. (*We are the champions, my frieeends…*)

Le plus pervers là-dedans, c'est que, parfois, c'est l'inverse qui se produit. On croit que la question est anodine, et puis…

Fille Aînée — Maman, qu'est-ce que ça veut dire, « reculer » ?

Mère indigne — Reculer ? Mais, tu le sais, voyons ! Reculer, c'est marcher par en arrière.

Fille Aînée — Tsk. Non, pas ça. « Reculer », mais pas marcher par en arrière…

Mère indigne — Reculer, comme dans quoi ?

Et c'est là que... Vous connaissez la chanson *Le ciel est bleu, la mer est calme*? C'est là que Fille Aînée m'a interprété, sur l'air de cette chansonnette, la version qui suit:

« Tu pues du bec, tu sens des pieds

Va te faire reculer!»

Ah, oui. Se faire reculer.

Dorénavant, dans ces situations, je passe le micro à Père indigne. Quant à moi, vous m'excuserez, mais je ne répondrai plus à ce genre de questions qu'en présence de mon avocat.

Que celui qui n'a jamais péché...

Dans un groupe de discussion de mères sur Internet, une maman s'inquiétait du fait que son bébé, malgré une soif apparente, ne voulait absolument pas boire son lait. Du jus, oui. De l'eau, amenez-en. Mais le biberon de lait restait désespérément plein, le bébé s'en détournant infailliblement d'un air dégoûté. Drame : où Bébé prendra-t-il les vitamines nécessaires à sa croissance ? À cet âge, il ne peut pas faire comme les adultes et trouver tous les nutriments dont il a besoin dans un bon café. Et il est aussi beaucoup trop jeune pour Vie de velours ! Discussions entre le papa et la maman : doit-on l'assoiffer au maximum, pour que Bébé n'ait pas le choix de boire son lait ? Doit-on l'amener à l'urgence ?

Jusqu'à ce que la mère se rende compte que la tétine du biberon n'avait pas de trou. Oui, vous avez bien lu : pas de trou. Le bébé ne pouvait pas boire de lait, parce que le lait ne coulait pas. Il n'était pas dégoûté, mais frustré à mort ! Et la mère de s'autoflageller et de nous supplier de lui jeter des pierres tellement elle se trouvait épouvantable. Ce à quoi je réponds : on se calme ! Tous les parents ont des anecdotes du genre à raconter – quand ils osent le faire.

Une de mes tantes avait amené son bébé à une réunion de travail. À son retour à la maison, le téléphone sonne : « Tu n'aurais pas oublié quelque chose ? » Oups ! Bébé était resté dans le local de réunion ! Tantine avait donc dû trouver le voyage du retour calme et reposant...

Moi-même, je me suis sentie particulièrement tata et complètement en marge de l'image du parent respectable quand, un bon vendredi, j'ai attendu l'autobus avec Fille Aînée au coin de la rue pendant, oh, une bonne demi-heure. Voyons ? Que fait le chauffeur ? Est-ce qu'on attend encore cinq minutes ou on va te reconduire à l'école ? Jusqu'à ce que le voisin sorte de chez lui : « Attendez-vous l'autobus ? C'est parce qu'aujourd'hui c'est une journée pédagogique. »

L'humiliation publique n'a pas assez bonne presse : c'est excellent pour ramener l'ego de la personne qui en est la cible à des proportions acceptables, et ça rend donc le voisin de bonne humeur !

Un autre de mes classiques à oublier : je jouais au monstre avec Fille Aînée, qui avait alors environ 4 ans. À un certain moment, en prenant une voix caverneuse terrible, je me suis mise à lui raconter que j'avais pris possession du corps de sa mère (déjà, on voit l'intelligence débordante de Mère indigne). Alors que Petite Chérie m'urgeait de redevenir sa mère, j'ai comme qui dirait porté le coup fatal : « Même quand tu crois que c'est ta mère qui te paaaaarle, c'est toujours mouâââ qui es làààààààà. » Sur quoi, Fille Aînée s'est mise à sangloter et a couru se réfugier dans les bras de Papa. J'ai reçu les « félicitations » de toute ma famille pour cette histoire... et je m'en veux encore.

Et pour finir, l'anecdote de Père indigne faisant manger Bébé :

Père indigne — J'ai essayé de lui donner des poires, comme tu m'avais dit, mais elle n'a pas vraiment aimé ça.

Mère indigne — Ah non? C'est étrange, c'est un des seuls fruits qu'elle aime bien.

Père indigne — J'ai vraiment essayé de couper la poire en très petits morceaux, mais on dirait qu'elle a tout de même eu beaucoup de mal à les avaler.

Mère indigne — Heu, Chéri. Elle a cinq mois et demi. Quand je dis « tu lui donneras des poires », je parle de la purée de poires qui est dans le bac à glaçons du congélo.

Père indigne — ...

Mère indigne — ...

Père indigne — Comment je pouvais le savoir? Non, mais c'est vrai!

Mais peu importe ces petits aléas de la vie parentale: la chose à retenir est qu'on apprend de ses erreurs. Je suis certaine que plus jamais la maman du groupe de discussion ne donnera un biberon sans en vérifier l'ouverture. Quant à moi, je vérifie maintenant scrupuleusement les dates de congé scolaire au début de chaque mois. Vous pouvez aussi parier que Bébé n'aura droit qu'à des personnifications de montres tellement gentils qu'ils en seront totalement insipides.

Et Père indigne? Tiens, je viens de me souvenir que Père indigne avait aussi tenté de donner à Fille Aînée des carottes crues alors qu'elle n'avait que huit mois. Eh bien tant pis pour lui! Il aura eu sa chance. Dorénavant, il sera de corvée de couches. Pour l'éternité.

Heureusement, il n'a jamais eu trop peur des monstres qui prennent parfois possession des langes de Bébé...

Confession malhonnête

Père indigne et moi
on a bummé trente dollars
dans la tirelire de Fille Aînée
pour payer la pizza et le Pepsi

Ça fait deux mois de ça et
on ne lui a toujours pas
remboursé ses sous.

Les trucs de Mère indigne : le poids

Vous êtes une nouvelle maman? Si oui, inutile de le nier, vous êtes aussi à la recherche de notre Graal à toutes, aussi connu sous le nom de «poids d'avant la grossesse».

Si le simple épuisement et les nuits blanches ne suffisent pas à vous faire retrouver votre taille d'antan, voici un truc absolument imparable auquel aucun kilo ne résistera: fixez-vous une limite psychologique à ne pas dépasser — mettons 140 livres. Montez sur le pèse-personne. Maintenant, attention: la prochaine étape est cruciale et demande énormément de concentration, sinon, c'est raté. Lorsque l'afficheur indique 139 livres, SAUTEZ IMMÉDIATEMENT EN BAS DU PÈSE-PERSONNE. J'ai essayé, et ça marche à tous les coups!

Une solution psychologique à une limite psychologique, c'est toujours mieux que rien, non?

Aidez vos enfants à dire oui, euh, je veux dire non, à la drogue

L'autre jour, à la radio, on nous a donné des nouvelles du cartel colombien (qui se portait, ma fois, pas trop mal). J'ai pensé que le moment était plus que propice pour mettre Fille Aînée en garde au sujet de la drogue.

En effet, de nos jours, à quoi peuvent bien être confrontés les enfants de la deuxième année du primaire dans nos cours d'écoles ? Avec tout ce qui fait la une des journaux en ces temps dégénérés, qui sait si les jeux à la mode cette année ne seront pas le ballon-sniffeur ou la tag-prostitution ? Mais procédons avec sagesse, attaquons un problème à la fois, et commençons par éduquer nos enfants sur les dangers de la drogue.

Et je dis bien les dangers, n'est-ce pas, pas les plaisirs. Car enfin, si, en des temps immémoriaux, nous avons nous-mêmes tâté de quelques substances illicites – sans jamais inhaler, pour les futurs politiciens –, nous avions, il faut bien le dire, une maturité et une connaissance du monde que nos propres enfants n'auront *jamais* ! D'où le fait qu'il est parfaitement raisonnable qu'ils fassent ce qu'on leur dit de faire, et non ce qu'on a fait, et qu'ils se le tiennent pour dit pour les siècles et les siècles.

Mère indigne — Chérie, sais-tu ce que c'est que (*musique menaçante*) la drogue ?

Fille Aînée — Oui !

Mère indigne — Ah, bon ???

Fille Aînée — C'est la cigarette et la colle. Je veux dire l'alcool. D'ailleurs, ON A DE LA DROGUE DANS LE FRIGO !

Mère indigne — Oui, bon, enfin, certains médecins s'accordent pour dire qu'un verre de vin par jour serait bon pour la santé.

Fille Aînée — C'est de la bière qu'il y a dans le frigo.

Mère indigne, stratégique — … Mais tu as raison, la cigarette est une drogue.

Surtout que je ne fume pas.

Fille Aînée — Moi, je ne prendrai JAMAIS de drogue comme la cigarette ou l'alcool.

Mère indigne — C'est très bien. Signe ici. (*Non, je n'ai pas dit «Signe ici.» Mais ça m'a démangée.*) Tu sais, il y a d'autres sortes de drogues très dangereuses.

Fille Aînée, très intéressée — Comme quoi ?

Mère indigne — Des drogues qui peuvent nous faire voir des choses qui n'existent pas. Moi, personnellement, je n'aime pas perdre le contrôle de moi-même, alors je n'en ai jamais pris.

En d'autres termes, Chérie, ta mère est super coincée. D'ailleurs, lors d'un cours de baladi pris il y a des lunes, la prof disait à une élève que ses mains étaient trop raides, à l'autre que sa taille était trop raide ; ta mère, la prof elle lui a dit que c'est dans sa tête que c'était trop raide. *Cogito ergo sum nulla baladista.* Mais je vois à ses yeux émerveillés que Fille Aînée se fiche bien des problèmes existentiels de sa génitrice.

Fille Aînée — On peut *voir des choses qui n'existent pas* ?

Mère indigne — Oui, on a des hallucinations. On peut voir, par exemple, des affreuses bestioles qui veulent nous manger.

Mais Fille Aînée conserve ses yeux émerveillés et se fiche bien des bestioles horribles. De toute façon, il y a plein d'araignées dans sa chambre.

Fille Aînée — Ça alors! Cette drogue-là, moi, je veux en prendre! Je verrais le château de Harry Potter!

Mère indigne, qui sent que ça tourne un peu mal — Heu, on ne choisit pas vraiment ce qu'on va voir! Peut-être que tu serais la prisonnière de Voldemort, ou pire! Peut-être que tu serais obligée de jouer dans un carré de sable avec Caillou!

Fille Aînée, très déçue — Ah, ouain. J'en prendrai pas, alors...

Ouf.

Bilan de la discussion: mitigé. Considérons la question réglée pour la cigarette et la colle, heu, l'alcool.

Mais me rappeler la prochaine fois de ne *pas* mettre l'accent sur de quelconques effets hallucinogènes potentiellement vachement cools, mais plutôt sur les dommages probables au cerveau, genre assèchement de la zone qui contrôle les sphincters, cellules qui s'enflamment spontanément et écoulement suspect d'une matière grisâtre par les oreilles.

Ouais, ça, ça devrait fonctionner pas si mal.

Appel à tous!

(11 commentaires)

J'ai eu un courriel la semaine dernière d'une G.J. (gentille journaliste) de *La Presse* qui cherchait à savoir ce que les blogues apportaient comme mode de soutien alternatif pour les parents. Personnellement, je crois que les blogues apportent plutôt un soutien alternatif aux gens qui veulent prendre cinq ~~heures~~ minutes de pause sans le dire au patron (c'est ce que je fais, même si c'est moi le patron), mais qu'à cela ne tienne! J'ai proposé, au grand plaisir de la G.J., de nous mettre tous à contribution afin de partager des trucs parentaux qu'on ne trouve pas dans les guides ordinaires.

J'ai deux trucs en particulier qui sont extrêmement époustouflants, vous allez voir, vous allez me remercier à genoux :

1. Bébé se réveille la nuit simplement pour avoir sa su-suce. Votre grande expérience vous chuchote que ladite su-suce est coincée entre le matelas et le mur, et c'est mauditement pas pratique de la chercher à genoux dans le noir à trois heures du mat' parmi les hurlements de votre progéniture et les moutons de poussière. La solution ? Certaines personnes mal intentionnées vous diront qu'il est temps de sevrer bébé de la sucette, ce à quoi vous répondrez : «Parlez plus fort, j'ai une banane dans l'oreille.» La véritable sagesse consiste plutôt à éparpiller 5 ou 6 su-suces supplémentaires dans le lit de Bébé au moment du

dodo. Quelques tâtonnements à l'aveugle lui suffiront alors pour retrouver la sérénité sans troubler votre sommeil. Génial, non?

2. Fille Aînée prend un temps fou à s'habiller le matin. Elle passe une jambe dans sa culotte et peut mettre jusqu'à dix minutes en niaiseries diverses avant d'y enfiler l'autre jambe. Là, il n'y a toujours que la culotte de mise, et l'autobus est au coin de la rue. Que faire? Certaines âmes peu charitables vous conseilleront de vous lever plus tôt le matin, ce à quoi vous répondrez: «Ta mère à poil dans un CD-Rom.» La solution consiste plutôt à mettre la minuterie du four à 2 minutes et à vous écrier: «Je parie que Petite Chérie ne peut pas battre la minuterie et s'habiller en moins de deux minutes!» Une minute dix-huit secondes plus tard, l'affaire est classée. Je vous jure, le truc fonctionne même pour les adultes. On met la minuterie et hop! Impossible de résister à l'appel de la compétition! Il faut relever le défi! Je vous déconseille cependant de mettre la minuterie pour certains autres types d'activités.

Bon, voilà, ce sont mes trucs. Je parie que, vous aussi, vous en avez des pas piqués des vers. On veut les connaître! Diantre, *La Presse* veut les connaître! Allez, je mets la minuterie à deux minutes et je parie que vous ne pouvez pas trouver vos trucs avant, nananèèère...

Commentaires (11):

Dodinette dit:

J'ai des amis qui sont allés jusqu'à 19 (DIX-NEUF!!!!!) sucettes... dans un moïse (re-!!!!!).

Den the man dit:

Et comment faire pour enfin le ou la sevrer de ses fichues su-suces? Simple: lorsqu'il (elle) s'endort le soir, on coupe un petit bout de suce et le lendemain on lui dit que le chien (ou le chat) en a mangé un petit bout. Même scénario de « coupure » le lendemain soir, et ainsi de suite pendant cinq ou six jours, selon votre empressement à dire bye-bye à ces réconfortantes totoches. Garanti que la suce prendra le chemin de la poubelle sans pleurs et autres flaflas et que votre chien (ou chat) prendra le blâme sans dire un mot (ou jappement, devrais-je dire !). Le meilleur des deux mondes !

Grande-Dame dit:

Vos fils laissent traîner leurs bas n'importe où et se plaignent chaque matin qu'ils n'ont pas de bas propres ? Ma solution : les bas rose fluo, qu'ils craignent comme la peste pour la simple raison qu'ils seront obligés de les porter pour aller à l'école si leurs bas sales ne vont pas chaque jour dans le panier.

Catherine dit:

Quelques trucs qui ont bien marché :

1. Leur laisser croire le plus longtemps possible que vous avez un pouvoir spécial de maman qui vous permet de savoir qu'ils font des mauvais coups en cachette. Généralement, c'est connu, il est facile de savoir qu'ils trament quelque chose : on ne les entend plus. Vous continuez donc à tourner la béchamel en lançant : « Hé ! Arrête ça ! » (même si vous n'avez aucune idée de ce qu'est « ça », ça marche toujours). En plus, ils sont tellement mauvais menteurs. Après quelques preuves ainsi fournies de votre « pouvoir », ils se sentent toujours épiés. Vous avez gagné.

2. Vous êtes, comme moi, un peu maniaque sur les aliments nutritifs ? Faites croire, encore là le plus longtemps possible, que les petites galettes de riz sont de la *junk food*. Rationnez-les au maximum, pour donner à votre subterfuge une impression de vraisemblance. Capitalisez sur les produits naturels qui « imitent » les boissons gazeuses.

3. Leur offrir d'échanger de vie, je l'ai essayé, ça marche très bien aussi.

4. Les suces: elles sont de la famille des bas solitaires, des épingles à cheveux et des élastiques: on en rachète constamment, on ne sait pas où elles disparaissent. Videz le présentoir quand elles sont en spécial.

5. Bébé a un toutou ou une doudou fétiche? Courez au magasin en racheter trois identiques. Laissez-en un à la garderie et un chez grand-maman, utilisez l'autre en alternance avec l'original (rien de plus triste que de devoir expliquer à bébé que toutou ne peut plus, mais vraiment plus, être rapiécé). Ainsi, plus de toutou oublié! Toutefois, soyez prévoyante: arrangez-vous pour qu'il ne tombe pas en amour avec une de ces adorables peluches à 40 $ pièce.

6. Cessez de poser des questions à votre enfant, soyez affirmative. Plus de «Viens-tu brosser tes dents?» mais bien «Viens brosser tes dents!» Quand on y réfléchit, ça tombe sous le sens... Pourquoi vous répondrait-il «Oui!» quand vous lui demandez s'il veut venir prendre son bain au beau milieu de son jeu favori?

7. Mais surtout, le meilleur truc qu'on m'ait jamais donné, par une éducatrice en garderie, qui a réellement sauvé ma santé mentale quand mon aîné avait trois ans: les «faux choix». Celles qui le connaissent sourient, les autres, le voici: donnez à votre enfant buté l'illusion que c'est lui qui mène quand, en réalité, c'est tout le contraire. Un exemple: «Dans l'auto, tu veux emmener le livre de Caillou ou le livre de Binou?» Et voilà: sans effort, vous lui avez fait avaler qu'il allait monter dans la voiture.

Diabolique, mais efficace.

Chroniques blondes dit:

Oh, mais c'est que Catherine est redoutable! J'ai utilisé le numéro 6 pendant un gros 18 ans. Excellent truc. Surtout ne pas leur demander ce qu'ils veulent, mais imposer. Ça sauve un temps fou et de nombreuses crises. C'est l'approche «nous ne négocions pas avec les terroristes».

Gaalbs dit:

Moi j'avais un truc infaillible pour brosser les dents de mon aîné, qui refusait d'ouvrir la bouche, évidemment! Je lui racontais ce qu'il avait mangé durant la journée d'après les restes qui étaient soi-disant restés collés sur les crocs en m'exclamant, outrée, lorsque je découvrais un morceau de glace, bonbon, gâteau ou coca en lui faisant remarquer qu'il avait décidément été trop gâté dans la journée! (Ça le faisait toujours pouffer, comme si il m'avait bien eue, sachant que j'essaie de restreindre les sucreries.)

Pathy dit:

Mes deux plus vieux se disputaient toujours pour savoir qui allait lire la boîte de céréales le matin (vous savez, les fichues boîtes avec les jeux en arrière). Un soir, j'ai collé tous leurs mots de vocabulaire sur la boîte...

C'est drôle comme la boîte peut devenir tout d'un coup moins intéressante!

Janis0-0 dit:

J'ai un petit truc pour les enfants qui sont difficiles à l'heure des repas. Faites-leur mettre les épices magiques dans la recette, ça marche à tout coup! Ils sont tellement sûrs que le souper est succulent grâce à eux...

Magique dit:

Le truc qui a toujours super bien marché ici quand ils ne veulent pas ranger, qu'il s'agisse de jouets ou de vêtements, je sors l'aspirateur et je dis que je m'en viens aspirer tout ce qui traîne. C'est record de vitesse assuré!

Le redoutable grand sac vert à poubelle fait le même effet. Si ça ne marche pas du premier coup, hop tout dans le sac et disparu dehors.

Je le cache pour quelque temps. Et après, je n'ai qu'à dire que, s'ils ne rangent pas, je vais tout mettre dans un sac. C'est magique.

Jojovy dit:

@Magique: Il faut faire attention avec le sac à poubelle. Une de mes amies a fait le manège aussi, et l'a mis au bord de la route, histoire d'être convaincante. Elle a eu des résultats spectaculaires avec ses deux garçons... Les éboueurs ont ramassé le sac pendant qu'elle rentrait dans la maison en leur faisant la morale!

Mamounet dit:

Fiston a donné sa suce au père Noël à l'âge de 2 ans 9 mois. C'était bien sûr suite à ma suggestion puisque le père Noël irait remettre cette suce à des bébés très pauvres qui n'en avaient pas. Quelle ne fut pas ma surprise, en plein milieu du mois de janvier, de voir mon grand petit garçon faire toute une crise de colère et de larmes. Il était vraiment en beau maudit contre le père Noël. Pas un peu fâché... en beau maudit. Il était prêt à remettre tous ses cadeaux afin de pouvoir récupérer sa suce. J'avais le cœur brisé. Par la suite, mon garçon n'a rien trouvé d'autre pour l'aider à se calmer avant de s'endormir que de mettre ses doigts dans son nez. Aujourd'hui il a 4 ans et le problème des doigts dans le nez persiste. À l'aide...

Peluches maudites
Les aventures d'un toutou chantant

(3 commentaires)

Nos amis abitibiens sont les heureux parents d'une charmante fillette et d'un toutou animé. Vous savez, le type de peluche qui se met à sautiller et à chanter lorsqu'on appuie inconsidérément sur une partie quelconque de son anatomie? En vente dans toutes les bonnes pharmacies avec prescription automatique d'antidépresseurs?

Peluches maudites

• Les aventures d'un toutou chantant (3)
Spiritu Toutou
La destruction sera totale
Illustration: Confession éboueuse

Ce toutou-là, un chien vaguement labradorien vêtu d'un ciré jaune et tenant à la main un parapluie, était du genre à entonner *Singing in the Rain* à la moindre provocation. Il avait la voix avantageuse de Gene Kelly mais, ses batteries commençant à avoir vécu leur vie, Pitou chantant parsemait sa mélodie de hululements angoissés. J'adorais cette créature et profitais de la moindre occasion pour aller lui serrer la pa-patte, déclenchant ainsi son babil enchanteur.

Ce à quoi je n'avais pas pensé, c'est que nos hôtes, eux, détestaient le toutou. Et même, détester, le mot est faible. Eux enfermés dans une salle de bain avec Pitou chantant, des ciseaux, un marteau et des allumettes, je vous garantis que l'animal n'en ressortirait pas autrement que par le trou de la cuvette.

Remarquez, j'aurais dû m'en douter, moi dont l'ennemi juré est un nounours sifflant et tambourinant pour lequel j'ai payé un prix d'or à Londres et qui prendrait, je le savais avant même d'être passée à la caisse, trop de place dans les bagages. À quoi imputer cet achat psychotique ? Avait-ce été la faute du *fog* londonien ? De l'abus de Fish & Chips ? Des deux ? Quoi qu'il en soit, Nounours tambourinant sévit à la maison depuis presque trois ans et c'est à peine si ses batteries montrent le début d'un fléchissement. Ça vous donne une idée du temps écoulé depuis que Pitou chantant, plus très fringant, avait commencé ses frasques. Immémorial.

Et moi qui lui serrais la patte. Et qui lui serrais encore la patte. Et une autre petite fois. Et encore. Et encore.

Et ce n'est pas tout. Que je te fredonne en chœur, de ma voix de fausset ravi, des «Toutoutoudoudou, toutoutoudoudou, I'm siiiiiiinging in the rain, I'm SIIIIIIINNNNNGING IN THE RAIN!...»

Jusqu'à ce qu'au milieu d'un souper, alors que j'avais envie d'une ambiance musicale et que tiens!, justement!, Pitou chantant était à portée de main, je surprenne le regard que s'échangèrent nos hôtes. Appelez-moi Gary Kurtz, mais leurs pensées me sont apparues claires comme de l'eau de roche: «Coudonc, va-t-elle s'arrêter un jour, goddammit!?»

J'ai arrêté, jetant tout de même de temps à autre un regard languide vers la mélodieuse bête qui m'avait procuré tant de bonheur.

J'ai arrêté, mais quand même, lorsque nous sommes repartis, j'ai cru déceler davantage que la marque de l'hospitalité la plus sincère dans les au revoirs enthousiastes de nos amis. J'ai senti, appelez-moi Gary Kurtz, comme un certain soulagement.

Sûrement mon imagination qui me jouait des tours.

Commentaires (3):

bibitte dit:

Dans le temps, j'avais acheté un «Furby» à Fille Aînée. Cette charmante bestiole semblait toujours réaliser de nuit que ses batteries étaient sur leur fin et, d'une voie nasillarde, elle nous énonçait: «Hummm! Moi veut doooormir encore! (bruit de ronflement).» On l'entendait même au fond de la salle de bain, sous un oreiller!

Catherine dit:

Parmi les cadeaux que ma délicieuse belle-mère a offerts à mon plus jeune fils, il y a eu ce désormais célèbre «Chien vivant», qui devait, si on se fie à l'emballage, comprendre quatre langues, oui madame, quatre langues, et obéir - en quatre langues - aux consignes «Marche!» et «Assis!»

Eh bien, c'était vraiment un vrai chien vivant: peu importe la langue, il faisait systématiquement le contraire de ce qu'on lui ordonnait.

Mieux encore: il se mettait à japper au moindre stimuli... quand tout le monde dormait, au beau milieu de la nuit. Un vrai chien, je vous dis! Heureusement, il avait un bouton on/off. Et ça, les vrais chiens n'en ont pas.

Cher Ami abitibien dit:

Ce n'est pas grave, Mère indigne.

Tiens, ça me fait réaliser: je n'ai pas entendu ladite chanson depuis votre départ. Aurais-tu discrètement subtilisé singing-toutou? À moins que Charmante Fillette elle-même n'ait atteint son quota de «Singing in the...»? Hmmm! Serait-ce un antidote?!

Quand reviens-tu? On a aussi trois pianos en plastique et un Caillou chantant...

Spiritu Toutou

Saviez-vous, Mesdames et Messieurs, que, pour une modique somme se situant quelque part entre vingt-cinq dollars et l'infini étoilé, votre enfant pouvait vivre une expérience spirituelle extraordinaire? Et qui plus est, au mont Tremblant?

C'est facile. Une fois que vous avez fait trois tours de téléphérique et décrété que la file d'attente était vachement trop longue pour les trampolines/bungees, vous constaterez que le village Tremblant, reconstitution exacte d'une époque inconnue dans un style propre-propre, n'a plus rien à offrir à vous et à vos enfants affamés d'expériences profondes. Rien d'autre, en fait, que l'atelier Toutou.

Je vous avertis: n'allez pas à l'atelier Toutou si vos enfants sont inscrits en morale à l'école. Car en morale à l'école, vos enfants, ils ne font que des dessins. Je le sais, Fille Aînée a fait beaucoup de dessins cette année (et elle a appris qu'il ne faut pas marcher sur le gazon quand une pancarte l'interdit, ce qui est pas mal comme début moral dans notre ère dégénérée).

Or, à l'atelier Toutou, foin des dessins. Ce n'est pas assez «Tremblant», un dessin, surtout s'il ne coûte rien. Non, à l'atelier Toutou, vos petits chéris vont créer un être spirituel.

Ils choisiront d'abord son enveloppe corporelle (Fille Aînée a jeté son dévolu sur un chien Husky, mais y'a aussi des lapins, des chatons, peut-être même des poules et des vers de terre, pour ce que j'en sais). Ensuite, ce sont vos propres enfants qui, en pesant avec émotion sur un piton magique, vont rembourrer leur toutou. Déjà, voyez que l'équation moi=Dieu n'est pas loin.

Mais bon, l'enveloppe corporelle et le rembourrage, ce n'est pas encore le souffle de vie. Le plus corsé reste à venir. Car faut que vos déités respectives choisissent une âme pour insérer dans le dos de leur toutou (chacun sachant évidemment que le siège de l'âme des toutous est dans leur dos). Si votre bambin choisit une étoile bleue, son toutou sera heureux; un cœur rouge, c'est l'amour qui caractérisera sa peluche; et une étoile jaune lui garantira des amis pour la vie. (Père indigne se demande ce qu'en pensent les Juifs qui fréquentent l'endroit, mais ne nous laissons pas arrêter par de tels détails historiques! On parle de l'âme d'un toutou, ici!)

Finalement, faut le baptiser. Je ne sais pas s'ils encouragent les enfants dans certaines directions, mais le Husky est revenu avec un nom assez ésotérique merci. Huisha? Oyshi? Quelque chose du genre – même Fille Aînée doit consulter son certificat de création (comme un certificat de naissance, mais en plus solennel) avant de jouer avec.

Enfin, tout ça pour dire que, si la religion est sortie des écoles, on sait où elle est rendue.

Moi, ce que j'aurais vraiment aimé, c'est me faire faire un toutou, n'importe quelle sorte, refuser de lui donner une âme et le baptiser Chuckie.

Mais rendue là, j'étais à court de modiques sommes.

La destruction sera totale

C'est drôle, les enfants.

Ça fait des choses totalement bizarres en croyant que c'est génial, et ça fait des choses absolument fantastiques en croyant que c'est mal.

L'autre jour, par exemple, ma nièce de trois ans et demi, la fille de Sœur indigne, s'était enfermée dans la salle de bain. Trois minutes passèrent dans un silence absolu. Puis vint cet avertissement au travers d'une porte close :

« Maman ! Quoi qu'il arrive, n'entre pas dans la salle de bain. »

(Oui, ma nièce de trois ans et demi utilise l'expression « quoi qu'il arrive ». Elle est aussi friande du commentaire suivant : « Maman, *sors de ma vie*, ce n'est pas *ta* vie ! » Je n'étais pas au courant, mais il me semble maintenant évident qu'on diffuse des *soaps* pour enfants à la télé.)

Sœur indigne médita profondément pendant un quart de seconde et parvint à la conclusion qu'il fallait agir, car Dieu sait ce qu'un enfant de trois ans et demi peut infliger à une cuvette de toilette avec des crayons marqueurs indélébiles.

« Chérie, est-ce que tu fais une bêtise ? »

« Oui. »

« Qu'est-ce que tu fais exactement ? »

« Je ne veux pas te le dire. »

« Je ne te disputerai pas. Je veux juste être certaine que tu n'es pas en danger. » Ou que ma cuvette n'est pas passée du blanc de blanc aux psychédéliques sixties.

« Je découpe un toutou avec des ciseaux. »

« Ah ! Tu découpes un toutou ! Fallait le dire, ma chouette ! Attends, je t'en amène une vingtaine d'autres, tu sauras quoi faire de ton après-midi. »

Allons, j'avoue : Sœur indigne n'a pas répondu ça. Mais, entre vous et moi, ce n'est pas l'envie qui manquait. Car, comme chaque parent sait, à partir du cinquième toutou, tout toutou est un toutou de trop. (Sauf celui de l'atelier Toutou, qui possède quand même une âme.)

Pensez-y. Cinq toutous, c'est juste bien pour jouer à l'école. Six toutous, c'est déjà la pagaille dans la cour de récré. Et ça ramasse la poussière. Et ça traîne partout.

Et surtout, ce n'est pas jetable.

C'est vrai : sitôt qu'un toutou est entré dans la maison, impossible de l'en faire sortir. « Est-ce que tu joues encore avec ce toutou ? », demandez-vous à votre chérubine d'amour en brandissant sous son nez un vieil ours pelé et moisi exhalant de suspicieux relents de fond de lit. Et Chérubine d'amour, même à douze ans, y va d'un « OUI ! » retentissant en vous arrachant la bête des mains comme on tirerait Gretel du four de l'immonde sorcière.

Alors quand Chérubine d'amour découpe un toutou, est-ce qu'on la dispute ? Non, mes chers amis. On la félicite avant de l'emmener faire la tournée des Dairy Queen.

Et quand on revient, l'estomac plein de crème glacée molle mais le cœur léger comme les tripes rembourrées de Bouboule gisant sur le carrelage de la salle de bain, qu'est-ce qu'on fait ?

On profite du momentum, voilà ce qu'on fait. On offre un marteau à Chérubine et on l'enferme à nouveau dans la salle de bain, accompagnée cette fois de toutes ses figurines Kinder Surprise.

Puis, bercée par le doux son du plastique torturé sans relâche, on jubile.

Et enfin, saisie d'une inspiration subite, on se met soi-même à l'ouvrage. Avec les ciseaux et les slips troués de notre tendre moitié.

« Chéri, quoi qu'il arrive, n'entre pas dans la chambre… »

Confession éboueuse

Madame Bovary, c'est moi
Mère indigne va trop loin

Un mardi après-midi de juillet. Il fait beau ; il fait chaud.

Le soleil caresse de ses rayons mordorés la peau farineuse de Mère indigne, qui se badigeonne ainsi que ses enfants de FPS 45 malgré les risques hormonaux mais surtout gustatifs de la mixture. Peut-être même la foudre risque-t-elle davantage de s'abattre sur les personnes qui se tartinent avec du Ombrelle force maximum ? *Who knows ? Who cares ?*

C'est alors qu'arrive, au volant de sa Ford Matrique, Jean-Louis X. Pour les besoins de l'histoire, appelons-le Jean-Louis XXX.

C'est le meilleur ami de Père indigne. De sexe masculin, comme son nom le suggère, professionnel, la trentaine jusqu'à nouvel ordre. Un gars propre de sa personne, qui sait se tenir (il a amené du vin blanc) et qui possède un certain sens de l'humour (il a offert une bande dessinée appelée *Petit Vampire et la soupe au caca* à Fille Aînée, le salaud). Et pour couronner le tout, je vous le donne en mille : un autre Belge.

Mais, pour Mère indigne, c'est aussi et surtout un adulte. Un homme, qui plus est, qui vient briser l'isolement d'une mère coincée pour jouer aux devinettes quarante fois l'heure. Un homme qui, par sa seule présence, pulvérise l'angoisse de la susmentionnée maman penchée au-dessus de la table à langer, trop souvent seule face à l'innommable.

Bon, tout ce qu'il veut, Jean-Louis qui habite au centre-ville, c'est profiter de notre piscine, mais rien ni personne n'empêchera Mère indigne de n'y voir que du feu et de se rouler dans l'extase. C'est un adulte, bordel! Un grand! Qui va se mettre en maillot de bain!!!

Encore une chance que Mère indigne ait été occupée à faire la lessive des draps et à courir après Bébé qui découvre ces jours-ci les joies des escaliers, sinon, elle ne se posséderait plus.

Mais bon, avec tout ça, il ne s'est rien passé.

...

La pression est trop horrible.

La culpabilité trop étouffante.

J'avoue.

J'ai cédé à la tentation. J.-L. *and me*, on a pris un apéro à trois heures. À trois heures! Ça ne s'appelle pas sortir de l'enfer du quotidien, ça, messieurs-dames?

Pire: Jean-Louis a pris soin de Bébé pendant que j'étendais les draps sur la corde à linge! Pendant que j'allais aux toilettes!

Trop de confort, trop de liberté, flagellez-moi quelqu'un!!!

C'est là que Père indigne est arrivé. De bonne humeur. Content de voir Jean-Louis assis sur la balancelle à côté de son épouse, Bébé debout entre nous tel un charmant chaperon (mais pas rouge, non – je l'avais bien crémée). Il ne se doutait de rien, Père indigne; un reflet parfait de l'Innocence et de la Pureté.

C'est quand il est revenu de se mettre en maillot que ça a chauffé. «Dis-donc, Jean-Louis! Tes vêtements et ceux de ma femme sur le lit, et les draps qui ont été lavés... Quelqu'un pourrait m'expliquer?»

Il a tonné, il a menacé. J'ai pleuré, j'ai supplié. Les voisins ont espionné.

Et Jean-Louis, le lâche, après une dernière saucette, il s'est sauvé.

…

Mais non, voyons! On a tous rigolé! Qu'est-ce que vous croyiez? Deux Belges, des amis d'enfance! Un couple qui tient la route depuis dix ans! (Je parle de Père indigne et moi, là, pas d'eux deux – quoique, parfois, j'ai mes doutes.) Ça va prendre plus que des vêtements étrangers jetés au hasard du matelas conjugal pour déstabiliser Père indigne, que diable!

N'empêche que…

N'empêche que, du fond de mon bungalow, je rêve au prochain apéro.

À trois heures… Avec un grand…

Et c'est pourquoi je lance, direction 15 Sud, ce cri du cœur: Jean-Louis, grand fou, je sais que tu n'en as rien à faire de briser ma solitude ou de pulvériser mon angoisse. Que tu ne songes qu'à ma piscine. Mais c'est d'accord! Peu m'importe! Tu viens quand tu veux!

En autant que tu te souviennes qu'ici, c'est apportez votre vin.

Laval-sur-Dallas

(3 commentaires)

H ou, là là, les filles.
Vous ne me croirez jamais.

Jean-Louis XXX, sans doute rendu fou par la crème solaire et l'air de la banlieue, m'a envoyé un courriel qui me fait croire qu'il y aurait encore de la vie au bout du tunnel. Et quand il y a de la vie, qu'est-ce qu'il y a aussi, hein, mes chers amis lettrés jusqu'au bout de vos cheveux d'une douceur exceptionnelle au toucher et qui restent propres jusqu'à 48 heures après le champouin ? Quand il y a de la vie, mes chers amis, il y a de l'*espoir*.

Chers lecteurs voyeuristes, je vous connais. Vous vous demandez sûrement quel peut bien être le contenu de ce message euphorisant. Or, vous aussi me connaissez : transparente jusqu'à la substantifique moelle. Voici donc, livré à vous tous (et surtout à vous toutes, petites coquines), le contenu du courriel, dans toute son entière intégralité.

Madame Bovary, c'est moi

Mère indigne va trop loin
• Laval-sur-Dallas (3)
Jean-Louis XXX, 38 ans, terrorisé

>**From : Jean-Louis XXX**
>**To : mereindigne@hotmail.com**
>**Subject : Le retour de Jean-Louis XXX**
>**Date : Sun, 3 Sep 2006 15:22:18 -0400**
>
>Salut Mère indigne,
>Enfin libre comme l'aire de parking en face de chez moi !

>Si le cœur t'en dit, voici un bureau que je vous offre et que je peux venir monter chez vous avec une bouteille de vin et des sushis (le bureau étant une excuse) :

>(*Suit un très long lien vers un bureau IKEA dont par ailleurs nous n'avons absolument pas besoin, mais surtout, que ça ne t'empêche pas de venir le monter chez nous, Jean-Louis!*)

>Je devrais être disponible toute la semaine, donne-moi tes préférences.

>Et aussi, pour me faire pardonner, je fais don de mon corps pour créer un bel épisode pour ton blogue. Je suis même prêt à me faire photographier.

>Si tu as un scénario d'épisode, je suis partant. Quelques suggestions :

>1- Jean-Louis XXX fait du bricolage (monter le bureau).

>2- Jean-Louis XXX lave sa voiture (si je peux utiliser votre tuyau d'arrosage).

>3- Jean-Louis XXX s'amuse avec Mère indigne pendant que Père indigne joue au simulateur de vol au bureau.

>4- Jean-Louis XXX ne veut pas faire la vaisselle.

>5- Jean-Louis XXX porte les bobettes que sa mère lui envoie à la Noël.

>

>>XXX,

>Jean-Louis

Incroyable, n'est-ce pas, les filles ? La vie de Mère indigne prend les allures d'un feuilleton américain : beau, romantique, invraisemblable et interminable !

Mais fi des *Dynastie* et autres Yin, Young and Yestless. Ne sommes-nous pas plutôt à l'ère de *Loft Story* et *Star Académie* ? Soyons à la mode, ne faisons ni une ni deux et profitons nous aussi des opportunités offertes par notre univers dégénéré : PASSONS AU VOTE. Laquelle des cinq situations mettant en scène Jean-Louis XXX et Mère indigne voudriez-vous voir immortalisée sur pixels et subséquemment postée ici, afin d'en faire un beau laminage qui agrémentera les murs de votre bureau ? (Si vous êtes dentiste ou massothérapeute, on imprimera même une pensée inspirante au bas de la photo.)

Commentaires (3) :

Mat l'intellex dit :

On peut pousser jusqu'à « Jean-Louis XXX porte les bobettes DE sa mère » ?

Dodinette dit :

Jean-Louis nettoie le simulateur de vol de Père indigne pendant que Mère indigne monte le bureau, habillée des bobettes de la mère de Jean-Louis.

Une fois tout ça terminé, vous faites tous la vaisselle ensemble (et plus si affinités) avec le tuyau d'arrosage des Indigne.

Natcho dit :

Vous ne l'avez pas pantoute, les filles !

Définitivement, Jean-Louis en train de monter son meuble IKEA. Je veux des preuves !

Ça lui prendra un temps fou, il transpirera, mais son orgueil nous poussera à prouver qu'un gars est capable de monter un *&/%$# de meuble en kit sans son père, ni sa mère, encore moins ses bobettes !!!

Jean-Louis XXX, 38 ans, terrorisé

Ne me parlez plus de Jean-Louis XXX. Plus un mot sur celui qui, il n'y a pas si longtemps, avait amadoué Mère indigne avec une bouteille de blanc et un corps tout aussi blanc exposé au soleil brûlant de la cour arrière, avec pour seule barrière à nos vertus respectives un maillot noir judicieusement ajusté sur les parties intéressantes. (Tous les maillots sont comme ça, je sais, mais j'avais envie d'emphatiser.)

Je ne veux plus rien savoir de Jean-Louis, qui devait venir monter un meuble IKEA mercredi.

Car Jean-Louis, il a eu peur. Que dis-je, il a été terrorisé.

Jean-Louis, il n'est pas venu, mercredi.

Et quand il s'est finalement pointé, Jean-Louis, il a fait exprès que Père indigne soit là. Bon, Père indigne est son meilleur ami et ils sont tous les deux en vacances. Et alors, qu'est-ce que ça change ?

Pire, Jean-Louis n'a même pas apporté de sauvignon, croyant probablement que c'est le 13 % de la mixture qui me rend indigne. Alors que toute personne un tant soit peu sensée sait qu'en réalité je suis une sainte (j'ai été au Dairy Queen avec Eugénie, bordel).

Et, oserais-je vous le dire sans risquer que me colle à tout jamais à la peau l'image d'une pauvre femme lésée et abandonnée ? Imaginez-vous donc qu'ils ont folâtré *à deux* dans la piscine pendant que je m'occupais des enfants. Et que je t'envoie le ballon, et que je t'asperge joyeusement, et que je fume une clope pendant que tu me racontes ta semaine au boulot... Les salauds.

Mais tout ça, en fait, ce n'est rien. Car pour enfoncer le clou, pour être certain que je comprenne bien son cruel message de rejet, vous savez ce qu'il a fait, Jean-Louis? Dans la piscine, il a essayé d'enlever le maillot à Père indigne.

Jean-Louis, cette fois, tu es allé trop loin. Pas d'excuses, pas de parade futile ou de suppliques hypocrites. Tout est fini entre nous.

Ou alors, la prochaine fois, tu te ramènes avec une maudite bonne bouteille.

Les amours au temps de la cour de récré
Comment transmettre nos valeurs en 6 étapes faciles

Expérimentatrice : Mère indigne

Sujet de l'expérimentation : Fille Aînée

Mission : Implanter dans le cerveau du sujet les valeurs qui comptent le plus dans la vie, c'est-à-dire celles de l'expérimentatrice.

Thème : L'honnêteté dans les relations homme-femme (ou homme-homme ou femme-femme, c'est comme vous voulez, mais Fille Aînée possède depuis déjà belle lurette une certaine prédisposition à la conformité dans ce domaine.)

1re étape : L'ÉCOUTE

— Maman, tu sais pas quoi ? Pascal m'a dit qu'il m'aimait.

— Ah oui ? Comment ça s'est passé ?

— À la première récré, il m'a dit : « Je ne te l'ai jamais dit, mais je te trouve belle. » À la deuxième récré, il m'a dit : « Je t'aime. »

(Hé bien. Même à six ans, on connaît ses classiques.)

— Et toi, tu l'aimes ?

— Euh, c'est un très, très bon ami, mais je ne l'aime pas vraiment.

(Et même à six ans, on connaîtra déjà les affres de l'éternel ami. Du moins c'est ce que l'expérimentatrice croyait, car...)

— Il devait être bien déçu quand tu lui as dit ça.

— Euh... je ne voulais pas lui faire de peine alors je lui ai dit que moi aussi je l'aimais.

2e étape : LA DÉTECTION DU PROBLÈME
— Je vois.

3e étape : L'ENDOCTRINEMENT
— Tu sais, c'est peut-être préférable de dire la vérité à Pascal, qu'il n'est qu'un bon ami pour toi.

— Mais ça lui ferait de la peine !

— Oui, mais c'est souvent mieux de dire la vérité, même si ça fait de la peine aux gens. Pascal préférerait certainement que tu lui dises la vérité plutôt que de faire semblant de l'aimer.

— Mais ça lui ferait de la peine !

— Oui, mais l'amour, c'est très important dans la vie des gens. On veut se faire aimer pour vrai, pas pour faire semblant. C'est vraiment un sujet où c'est préférable de dire la vérité.

— Mais ça lui ferait de la peine !

— Oui, mais c'est mieux que de mentir au sujet de l'amour ! Imagine si c'était toi qui aimais Pascal, et que lui ne t'aimait pas. Préférerais-tu qu'il te dise la vérité ou bien un mensonge ?

— Euh, j'aimerais mieux qu'il me dise qu'il m'aime.

4e étape : LE CONSTAT D'ÉCHEC
— Je vois.

5e étape : LA DERNIÈRE TENTATIVE PATHÉTIQUE
— Bon, écoute, quand tu seras ado et adulte tu comprendras que c'est mieux de dire la vérité au sujet de nos sentiments.

— (Le sujet joue avec ses lacets et répond distraitement :) Huhumm.

6ᵉ étape : LA DÉMISSION

— Écoute, pourquoi on ne va pas jouer dehors ? Il fait tellement beau !

— Ouiiiiiiiii !

— Et viens donc me faire un gros câlin avant !

— Ouiiiiiiiiii !

Ce soir-là, alors que je bordais Fille Aînée, elle m'a dit : « Tu vas rire, Maman, mais est-ce que tu veux te marier avec moi ? C'est parce que j'aimerais rester avec toi toute la vie. »

L'expérimentatrice en moi a alors compris que, de toutes les étapes et malgré l'échec apparent, c'est probablement le câlin qui est le plus important.

Fourmidable et les habiletés de base

Connaissez-vous Fourmidable? C'est une fourmi à l'allure un tantinet cauchemardesque qui se balade dans les classes primaires de la province pour aider à inculquer confiance et estime de soi aux petits Québécois. En gros, elle leur ment effrontément en leur affirmant que scander «je fais des efforts, j'essaie, j'essaie encore!» et «je persévère, je ne lâche pas!» leur assurera la réussite dans tous leurs projets. J'espère au moins qu'au secondaire ils auront un homme-sangsue pour leur expliquer le système plogue.

Environ une fois par trois semaines, Fille Aînée ramène à la maison un devoir concernant Fourmidable. La semaine dernière me réservait une belle surprise.

Fille Aînée — Maman, devine c'est quoi, le devoir, ce soir?

Mère indigne, paniquée — Mais on est vendredi! Y'a pas de devoirs, d'habitude, le vendredi!

Oui, les parents y tiennent, à leur vendredi de congé. Et il n'y a pas de honte à ça.

Fille Aînée — C'est vrai, sauf quand c'est Fourmidable. Tu sais, Maman, «je fais des efforts, j'essaie, j'essaie encore!»? «Je persévère, je ne lâche pas!»?

Mère indigne — Ouais, je sais. Bon, sors ton cahier alors.

Fille Aînée — Chais pas y'est où.

Mère indigne — Ton sac est dans l'entrée. Va le chercher.

Fille Aînée — Peux-tu y aller ? Je suis fatiguééééee...

Mère indigne — «Je fais des efforts, j'essaie, j'essaie encore ! »

Fille Aînée — Hum. (Se traîne pour un aller-retour qui semble lui faire très, très mal aux dents vu la façon dont elle gémit. Finalement...) Tiens.

Mère indigne — Bon. «Je décris une situation où j'ai dû faire beaucoup d'efforts et persévérer pour devenir bon/bonne. Je demande à mes parents de la noter dans mon cahier. » Peux-tu penser à une activité où tu as dû beaucoup te pratiquer avant de devenir bonne ?

(Petite parenthèse pour dire que Père indigne et moi, nous avons eu trop souvent tendance à habituer Fille Aînée à avoir un peu trop tout, tout cuit dans le bec. Alors je me suis mordu la langue et ai retenu les suggestions qui me venaient spontanément à l'esprit : attacher tes lacets, faire du vélo à deux roues...)

Fille Aînée — Je sais !

Mère indigne — Excellent ! Vas-y, je note.

Fille Aînée — Courir après les garçons.

Mère indigne — ???

Fille Aînée sourit candidement.

Mère indigne — Heu, que penses-tu d'attacher tes lacets, faire du vélo à deux roues ?

Fille Aînée — Non, non. Courir après les garçons, ça va. Il a fallu que je me pratique pour courir très, très vite et comprendre leurs façons de m'éviter, hein ?

Mère indigne — Bon, on va mettre «attacher mes lacets».

L'art de rester calme. À tout prix.

*M*étier: parent. Attitude la plus utile: l'impassibilité totale.

Fille Aînée — Maman, aujourd'hui, j'ai relevé un défi que je m'étais lancée. Un défi *énorme*!

Vous — Vraiment? Lequel?

Fille Aînée — J'ai envoyé un bisou à Mathieu avant d'entrer dans la classe! Et tu sais quoi? Il m'a souri!!!

Vous voulez saisir Mathieu par le collet et lui dire de se tenir loin de votre fille, lui et sa tête pleine de poux (?). Peut-être même lui offrir deux-trois piastres pour aller jouer dans le trafic. Vous voulez dire à votre fille d'arrêter de jouer à la femme fatale et de se concentrer sur ses devoirs. Mais vous restez im-pas-si-ble. L'important, si vous voulez continuer à accumuler l'information, est de ne pas effrayer sa source. Alors vous continuez de vider le lave-vaisselle d'un air détaché en répondant que «Hum, oui, c'est tout un défi que tu as relevé là.»

Fille Aînée — Mon prochain défi, attends, je vais te le dire dans l'oreille, c'est... *d'embrasser Mathieu sur la joue*. Mais ça, heille, fiou, ça sera pas avant la 6e année! Au moins! Ouf!

Vous vous assoyez sur votre rire et, toujours impassible, décrétez qu'effectivement «la 6e année me paraît être un excellent moment pour embrasser un garçon sur les joues».

Fille Aînée — Tu sais Maman, Sophie, elle a dit à Mathieu que je voulais faire le sexe avec lui.

Vous pensez : *Sophie, petite saleté, tu es dorénavant sur la liste noire des fêtes d'anniversaire.* Mais vous restez im-pas-si-ble.

Fille Aînée — J'ai vite été dire à Mathieu que ce qu'elle lui avait dit, Sophie, c'était pas vrai ! Mais ensuite j'ai été dire à Sophie de dire à Mathieu que je voulais l'embrasser et, ensuite, j'ai été dire à Mathieu que ce que Sophie lui avait dit, là, c'était vrai. La dernière chose, là. Que je voulais l'embrasser.

Pas difficile de rester impassible puisque vous savez déjà qu'embrasser, c'est sur la joue et c'est dans quatre ans. Pas de stress, mais là, pas pantoute.

Vous — Mais, je suis curieuse, c'est quoi, au juste, faire le sexe ?

Fille Aînée — Euh, c'est des affaires, là… C'est s'embrasser, mais sur la bouche.

Vous, quittant pour un instant votre masque de cire et haussant les sourcils — Oh !

Fille Aînée — Et d'autres choses aussi, des affaires dégueulasses, que Papa et toi vous ne faites *jamais*. Attends, je vais te le dire dans l'oreille… *c'est s'embrasser sur la bouche tout nus dans un lit pendant des heures et des heures.* Dis-le à Papa, toi. Moi je suis trop gênée.

Suite de quoi, Père indigne a pu affirmer en toute honnêteté que « c'est vrai, ça, on ne le fait jamais ».

Vous, vous ne riez pas. Vous ne pleurez pas non plus. Vous restez im-pas-si-ble. Pas question de donner des idées à votre progéniture.

Ah, oui. Tout ça, ça a duré environ cinq minutes. Imaginez une semaine.

Cour de récré Story

(1 commentaire)

C'était un mercredi soir ordinaire. Aucun loup n'hurlait à la lune. Aucun orage n'était venu éclairer le ciel de ses sinistres et malveillants éclairs.

Je coupais mes légumes pour concocter une bonne soupe réconfortante et vachement simple à préparer, spécial mère-qui-n'en-peut-plus-de-faire-le-souper. Une soirée ordinaire, donc.

Aucun signe précurseur de la malédiction qui allait s'abattre sur moi.

J'en étais aux carottes quand Fille Aînée est rentrée de l'école.

Mère indigne — Il pleut, il pleut bergèreuh…

(Tchac-tchac-tchac-tchac-tchac.)

Fille Aînée, les joues rouges d'émotion — Maman! Tu sais à quoi j'ai joué aujourd'hui dans la cour de récré?

Mère indigne — Non, ma chérie, à quoi donc?

(Tchac-tchac-tchac-tchac-tchac.)

Fille Aînée — À la tag bisou!

Mère indigne — À la tag bisou?

(TCHAC!)

Fille Aînée — Mais oui, on courait après les garçons et, quand on les attrapait, on leur donnait un bisou.

Mère indigne, lançant à la volée les carottes dans la casserole — Qui... que... mais... je croyais qu'à l'école on n'avait pas le droit de se donner de bisous ?

Fille Aînée — Pas sur la bouche.

Mère indigne, très inquiète, empoignant un poireau — Alors où ?

Fille Aînée — Ben voyons. Sur la joue.

Mère indigne — Et... tu as donné des bisous à quels garçons ?

Fille Aînée, le sourire aux lèvres — Hum... Pas mal à tous les garçons...

Mère indigne — Ah, oui. Ah, bon. Ah, tiens. Eh bien, tu parles.

TCHA-TCHAC! Tiens le poireau, plus de tête. Plus de corps. Souffre, le poireau, et meurs. Et *tacatacatactac*, maudit brocoli sale.

Fille Aînée — Ça te dérange ?

Mère indigne — Euh, bien, faudrait qu'on en parle avec ton p...

Fille Aînée — Ah, non, j'veux dire : ça te dérange si je te prends un bout de brocoli ?

Mère indigne — Ah, oui. Euh, non. Et, euh, tu sais, la tag-bisou, va falloir arrêter, ça pourrait te faire attraper des poux.

Fille Aînée m'a regardée l'air de dire : Y a-t-il une limite à tant de mauvaise foi ? Réponse : Non.

⌣

Plus tard :

Père indigne — Cette tag-bisou, qui a eu l'idée ?

Fille Aînée — Euh, attends, je réfléchis... C'est moi !

Père indigne, outré — C'est toi ? Mais comment ça marchait ? Tu donnais un bisou et, ensuite, le garçon courait après les filles ?

Fille Aînée — Non, non. C'est juste les filles qui couraient après les gars et, quand on en avait attrapé un, on repartait après un autre.

Père indigne — Chérie, il te reste des légumes à extermin... je veux dire à couper ?

Encore plus tard :

Mère indigne — Ta nièce joue à tag-bisou dans la cour de récré.

Sœur indigne — Au moins, ce n'est pas la tag-bizoune.

Mère indigne — Seigneur. Quel réconfort. Merci.

Commentaire (1) :

Lili dit :

Ouh là ! Je stresse : ma crevette n'a que 3 mois... Je n'avais pas envisagé tout ça !

Moi qui croyais que le plus dur à gérer c'était les couches-surprises qui débordent (de préférence quand vous êtes en visite chez la belle-maman), ou les 18 nuits d'affilée en faisant des micro-siestes de 12 minutes 33...

Je commence déjà à prendre des notes : 1) acheter un hachoir.

(Bref) miracle

U n miracle est arrivé. Oui, oui. Un vrai de vrai.

J'étais en train de couper les légumes pour concocter une bonne soupe réconfortante, etc., quand Fille Aînée est rentrée de l'école.

Mère indigne — J'vais à l'étable pour tirer ma vache... pas capable de tirer ma vache...

(*Tchac-tchac-tchac-tchac...*)

Fille Aînée — Maman, maman ! Tu sais pas quoi ?

Mère indigne — Non, quoi ?

(*Tchac-tchac-tchac-tchac...*)

Fille Aînée — Y'a Jérémie, au dîner, qui m'a envoyé un petit mot qui disait qu'il m'aimait !

(*TCHAC !*)

Mère indigne — Encore un qui t'aime ? Coudonc, leur as-tu fait boire de la magique potion ?

Fille Aînée — Ben non... En tout cas, Jérémie, il m'a demandé si je l'aimais aussi, alors je lui ai écrit « oui. » Mais ensuite je lui ai dit que j'aurais dû mettre un point d'interrogation après le « oui », à la place du point, parce que je n'étais pas sûre.

Mère indigne — Et... il a compris ?

Fille Aînée — Ch'sais pas. En tout cas, il m'a fait ça.

(*Suit une reconstitution de la scène lors de laquelle Jérémie s'est donné lui-même un bisou sur l'index et le majeur et a porté ces deux doigts dorénavant animés d'un amour surnaturel à son cœur. Yo.)*

Mère indigne — Waouwe.

Fille Aînée — Alors finalement, je pense que je l'aime. Peut-être qu'il va vouloir jouer à la tag-bisou. Puis on va probablement se marier.

(Les petits pois, on n'est pas obligé de les couper, hein? On les coupe quand même. Avec fougue.)

Mère indigne, vieille adulte aigrie qui ne comprend plus rien aux joies des jeunes amours — Tu sais, pour le mariage, tu as le temps de changer d'idée.

Le visage de Fille Aînée s'éclaire:

— Justement! Je voulais te dire. Tu te souviens au début de l'année quand j'ai dit: « Aaaaaaaaah, Mathieu, je veux me marier avec lui, je suis sûre qu'on va être ensemble au moins jusqu'en sixième année » et que toi tu m'as dit: « Tu as le temps de changer d'idée » et que moi je t'ai dit: « Non, non, Maman! *Jamais* je ne changerai d'idée »?

Mère indigne — Oui, je me souviens...

Fille Aînée — Eh bien, t'avais raison! J'ai changé d'idée!

Alors là, la patate m'est tombée des mains. BINGO! Vous le voyez vous aussi de vos yeux vu, n'est-ce pas? Le miracle? Ma fille me disait, à moi, sa mère, que j'avais eu raison en ce qui concernait sa vie sentimentale! Sérieusement, je pense que je n'ai encore jamais dit à ma propre mère qu'elle avait eu raison dans ce domaine-là. Lalalalalè-reuh! 1-0 pour moi, Mamie!

J'ai failli tout arrêter pour la soupe. Faire souffrir de pauvres légumes alors que l'atmosphère était à la liesse... Pourquoi ne pas plutôt fêter ça en allant à l'épicerie chercher un bon poulet rôti que d'autres auraient massacré avant moi?

Mais, avant tout, je devais tenter de profiter de ce moment de faiblesse de Fille Aînée pour enfoncer le clou encore davantage.

Mère indigne — Tu vois ce que ça signifie, ma chérie. Ça veut dire que, pour Jérémie aussi, tu as le temps de changer d'avis.

Fille Aînée — Ah non! Pas question! Pour lui, je ne changerai *jamais* d'idée!

Allez, hop, les haricots! Au bistouri!

Parfois on gagne, parfois on perd, mais je prédis quand même l'avènement d'un autre miracle d'ici quelques semaines.

Et je prédis également que dans la soupe, cet hiver, les morceaux de légumes vont être petits en sivouplaît.

Les pères
Mère indigne se met les mères à dos...

(2 commentaires)

J e ne sais pas pour vous, mais moi, personnellement, je suis super sexiste.

Non, mais c'est vrai. Par exemple, je trouve que les femmes sont beaucoup plus belles que les hommes. Vous n'êtes pas d'accord ? Pourtant, je parie que vous n'avez jamais entendu quelqu'un s'exclamer : «Oh, comme cet homme est belle !» Alors voilà : les femmes sont plus belles que les hommes.

C'est comme les dames aux cheveux longs et blonds avec des mèches cendrées : mon expérience m'a démontré qu'elles sont de vrais dangers publics au volant de leur V.U.S. Elles conduisent d'ailleurs beaucoup plus mal que les *monsieurs* aux cheveux longs et blonds avec des mèches cendrées. Pour tout dire, je n'ai jamais vu un monsieur aux cheveux longs et blonds avec des mèches cendrées mal conduire un V.U.S.

C.Q.F.D.

(Une excellente raison d'être sexiste : c'est tellement facile. Il faut simplement analyser les choses sous le bon angle.)

Bref, je suis sexiste.

Et quand elle a des enfants, une personne sexiste comme moi acquiert plusieurs excellents motifs de sexisterie envers les hommes.

Parlons franchement : quelle bande d'irresponsables qui ne pensent qu'à s'amuser ! Et c'est très facile de s'en convaincre. Il n'y a qu'à comparer la manière dont les femmes et les hommes agissent lorsqu'il s'agit d'organiser une sortie avec Bébé.

Maman, fiable et responsable, pense tout d'abord à la possibilité que son rejeton ait faim ou soif. Déjà, de graves problèmes se posent. Admettons que Bébé boive encore du lait tiède au biberon. Comment s'assurer qu'une fois au parc le lait sera à la bonne température ? Maman songe à conserver le lait dans un thermos. Mais elle sait que, le temps passant, d'horribles bactéries se formeront et contamineront le lait tiède que Bébé, innocent, boira jusqu'à la lie pour finir sa brève existence aux prises avec des coliques atroces. Non, décidément, pas de thermos. Offrir du lait froid à Bébé ? Mais Bébé ne boit jamais de lait froid ! L'ombre des coliques revient hanter Maman, qui décide alors d'empaqueter plutôt de la nourriture.

Mais quelle nourriture ? Des raisins ? Faut les couper en quatre avant, c'est bien connu. Le temps qu'on le fasse avant de partir, il sera l'heure de la sieste de Bébé. Quant à les couper en quatre au parc, Maman n'y songe même pas. Jouer du couteau pendant que Bébé se promène en liberté à la merci des bêtes sauvages (écureuils, criquets, mouches) serait totalement contraire à ses prudentes habitudes. Devant l'impasse, Maman décide de simplement se couper les cheveux en quatre.

Autre problème : Bébé peut décider de faire la sieste au parc. Horreur ! S'il s'endort dans la voiture avant d'arriver, on devra le déposer dans sa poussette en arrivant, l'éveillant du même coup et le privant d'un sommeil réparateur dont il a absolument besoin pour devenir un adulte sain et pas trop névrosé. Mais s'il s'endort au parc, dans la poussette, il faudra à un moment ou à un autre le remettre dans son siège d'auto...

Cercle vicieux! «Mais, me direz-vous, peut-être aura-t-on de la chance? Peut-être Bébé ne dormira-t-il pas au parc?» Vous appelez cela de la chance!? S'il saute une sieste, le cycle de Bébé sera bouleversé pour les dix-huit prochains mois, et qui va payer pour ça, hmmm? Encore une fois, le destin ricane à la face de Maman.

Et tout ça, mes amis, c'est sans compter un autre élément crucial: le confort de Bébé. Fait-il chaud, fait-il froid? Fera-t-il chaud ou froid dans les prochaines heures? Maman ausculte le ciel, d'un bleu d'azur, et les arbres, dont les feuilles remuent à peine. Peut-être qu'assurer le bien-être de son rejeton ne sera-t-il pas si compliqué aujourd'hui. Quoique... Il semble bien que dans l'horizon lointain, à environ 347,5 kilomètres du parc, de gros nuages se profilent. Mauvais, très mauvais! Un orage meurtrier surprendra les promeneurs inconscients, c'est couru d'avance!

Alors la mère, fiable et responsable, décide que tout cela est de bien mauvais augure et reste confinée à la maison avec son petit. Elle profite de son après-midi pour se creuser un bunker bétonné dans lequel elle et son poussin seront à l'abri de toutes les intempéries. Grâce à une connexion Internet quadruple vitesse, ils pourront commander et se faire amener les provisions qu'un livreur approuvé par la GRC déposera délicatement entre les deux épaisses portes du sas d'évacuation.

Ils se feront une belle petite vie. Grâce à la maman fiable et responsable, ils seront en sécurité.

Alors que, vous savez de quoi je parle, Mesdames, si c'est le père qui prépare une sortie, ce sera le bordel in-té-gral!

D'abord, le lait chaud ou froid, Papa s'en soucie comme un poisson d'une pomme. (Ça vient de Proust, cette expression, quelque part dans *À l'ombre des jeunes filles en fleurs*. Vous ne

me croyez pas ? Lisez-le.) Papa, lui, il met du lait dans un bib'
en se foutant carrément de la température et des bactéries. Un
fou dangereux.

Il amène aussi des raisins, oh que oui, mais il les coupe
seulement en *deux*. Pire encore, il les coupe en deux avec
ses propres dents ! Fait vécu. Je sanglote encore rien que d'y
penser.

Songe-t-il à la possibilité que Bébé fasse une sieste ? « Une
sieste ?, vous répondra-t-il. C'est quoi, une sieste ? Ah oui,
c'est quand Bébé ferme ses 'ti-queneuilles pis qu'on l'entend
pu pendant un 'ti-boutte ? Quoi le rapport avec une sortie
au parc ? » Vous aurez compris que, pour Papa, « le cycle de
Bébé » est une bizarre expression en langue étrangère dont la
signification peut bien rester inconnue, on a d'autres chats à
fouetter, comme par exemple quitter cette maison de fous et
aller prendre l'air.

Et Papa part, Bébé sous le bras, en sifflotant de jolis airs
appris lors de son initiation universitaire. Bébé porte un pantalon trop court et un chandail trop chaud, les deux dans des
couleurs qui se disent merde l'une à l'autre. Et non, Papa n'est
pas daltonien.

En rafale, Maman note également que le chapeau du petit
ne couvre qu'une seule de ses oreilles, qu'il porte deux souliers
gauches et qu'il a le bec tout sale. Malgré tout, il rigole, l'in-
conscient.

Maman distribue les au-revoirs en priant pour que la mort
les épargne, malgré les noires probabilités.

Mais quand Papa et Poussin sont de retour trois heures
plus tard, ils sont tous les deux en pleine forme. Bébé a bu tout
son lait froid et, miracle !, ne s'est pas étouffé avec les raisins.
Il a perdu son chapeau mais n'a même pas la décence d'avoir

un tout petit peu l'air enrhumé. Il n'a pas dormi, mais il rigole encore.

Maman, furieuse, arrache Bébé des bras du père et court jusqu'à la table à langer. C'est bien ce qu'elle croyait : *l'être irresponsable avec lequel elle a eu la folie de procréer n'a pas changé la couche du petit une seule fois pendant la promenade* !

Maudits, maudits hommes.

Commentaires (2) :

Michèle dit :

Excellent... Faire une course avec un bébé, c'est une expédition. Il faut qu'il soit beau, car les mamies se penchent sur la poussette, il faut avoir tous les rechanges nécessaires, en cas de débordements, sans oublier suce, couverture (dans les centres commerciaux, on se les gèle) et jouets. On transporte la grosse poussette, au cas où bébé voudrait dormir aussi, celle qui est lourde et dure à plier. Papa, lui, prend son paquet sous le bras, les cheveux en bataille, pieds nus, la moustache de jus de raisin, le chandail plus que douteux, et va chercher, en moins de 20 minutes, les vis ou les clous qui lui manquent au Canadian Tire.

mamounia dit :

Oh là là, d'après ta description, je suis un papa tout craché ! Zut, va falloir le dire aux enfants et à l'autre papa maintenant... Quoique, autant qu'ils continuent à croire qu'ils ont une vraie maman, surtout qu'ils ne sont plus aux couches et aux biberons maintenant et qu'ils sortent tout seuls (d'ailleurs, chose surprenante, cela prend plus longtemps à mes filles à se à se préparer à sortir que lorsque c'est moi qui les préparais à sortir...).

... et les pères aussi

(4 commentaires)

On a beau dire, les hommes, ils en ont fait du chemin depuis dix mille ans. Que dis-je, ils ont plus évolué en quarante ans que depuis les balbutiements de l'humanité! Un exemple?

Le père des années 1970, assis dans la voiture — Coudonc, Chérie, ça fait dix minutes que je t'attends. On part, oui ou non?

La mère des années 1970, courant partout — J'arrive, j'arrive, il faut que je prépare le sac à couches, que j'habille les enfants, que j'appelle la gardienne pour lui dire qu'on s'en vient et que je prépare ton sac de bowling.

Le père des années 1970, qui reste assis dans la voiture — Coudonc, c'est ben long! On part, oui ou non?

Scandaleux, n'est-ce pas? Comparez avec la coopération fantastique d'un mâle reproducteur et reproduit des années 2000:

La mère — Pendant que j'habille les enfants, peux-tu préparer le sac à couches, chéri, s'il te plaît?

Le père — Bien sûr, mon lapin! Qu'est-ce qu'il faut mettre dedans?

La mère — Les couches.

Le père — O.K.

La mère — Les débarbouillettes.

Le père — O.K.

La mère — Les vêtements de rechange.

Le père — O.K.

La mère — C'est-à-dire un pantalon, un chandail, une chemisette, des chaussettes, un pyjama.

Le père — O.K.

La mère — Les médicaments.

Le père — O.K.

La mère — Une tétine.

Le père — O.K.

La mère — Et un biberon.

Le père — O.K.

La mère — La crème à fesses.

Le père — O.K.

La mère — Quelques jouets ?

Le père — O.K…

La mère — Tu vois lesquels ?

Le père — Je pense que oui…

Vous avez vu ? C'est merveilleux, non, à quel point ils sont rendus loin, les hommes ? Combien ils s'impliquent ? Combien on peut compter sur eux ? C'est tellement extraordinaire qu'on serait vraiment de mauvaise foi si on leur en demandait un petit peu plus, n'est-ce pas ?

Hé bien, non. Non. NON ! C'tu clair ?

Dans les officines de la maternité, depuis quelque temps, il se murmure des confidences troublantes. « Quand je me fâche parce qu'il a oublié quelque chose, il me dit que j'aurais dû lui faire penser ! Mais j'en ai marre de tout lui dire, tu comprends ? Je ne suis plus capable de tout superviser ! C'est vrai qu'il m'aide beaucoup, ça me gêne de lui en mettre plus sur les épaules, mais est-ce que c'est trop demander, un peu d'initiative ? »

Réponse : non. Non. NON ! C'tu clair ? Assez, c'est assez. Ils ont fait du progrès, ils peuvent encore en faire. Et c'est pour ça, mesdames, que j'ai décidé de vous rendre service. Je vais leur parler, aux hommes, et pas plus tard que maintenant.

Les gars. J'ai un secret à vous confier. En ce qui concerne Bébé, on a l'air d'avoir la science infuse, nous, les mamans. On sait tellement tout, tout le temps, qu'on dirait qu'on est tombées dans la potion magique quand on était petites. Hé bien, j'ai une grande nouvelle pour vous, les amis : c'est de la foutaise.

Comment la mère sait de quoi Bébé a besoin exactement ? Les aliments qu'il faut lui offrir pour qu'il ait un repas complet ? Les choses qu'il faut mettre dans le sac à couches ? L'endroit où se trouvent sa tuque et ses mitaines ? Au risque de provoquer chez vous une poussée d'urticaire, messieurs, je dois vous le révéler : ce n'est pas l'instinct. Ce n'est pas la sagesse millénaire de l'utérus. On sait quoi faire et où trouver les objets qu'on cherche de deux manières : premièrement, on réfléchit, et deuxièmement, on fouille.

Réfléchir.

Fouiller.

Vous me voyez venir.

L'origine de cette science de la réflexion et de cet art du fouillage, elle ne se trouve pas dans nos deux mamelles gorgées de lait. Elle n'est pas la prérogative absolue des propriétaires d'ovaires. Non. Ce savoir, croyez-le ou non, il se trouve à portée de votre main.

Vous savez ce qu'il a dit, Kant ? Il n'a pas juste dit « Ta mère en *centerfold* de la *Critique de la raison pure* ». Non, non. Il a aussi inventé le cri de ralliement des Lumières. Ah ! Les

Lumières! Ce grand élan de remise en question de l'autorité! Kant a pratiquement allumé les Lumières quand il s'est écrié: *Sapere aude*! Ose penser par toi-même, nom d'un petit bonhomme! T'es beau, t'es bon, t'es capable!

Dorénavant, chers amis, vous pourrez m'appeler Kantine. Car nous allons vivre quelque chose de merveilleux ensemble. Je vais vous guider vers la Lumière. Je vais vous amener à réaliser que les hommes et les femmes, en ce qui concerne les soins de Bébé et l'organisation familiale, sont en tous points égaux. Je vais vous encourager à remettre en question notre autorité suprême et à penser par vous-mêmes, car vous le pouvez, oui!, même quand il s'agit de vérifier si tous les sacs sont dans la voiture avant de partir.

Savez-vous ce qu'il aurait fait, Kant, devant un sac à couches vide? Il n'aurait pas demandé à sa femme ce qu'il faut mettre dedans, non. Il aurait osé penser par lui-même, notre Kant, et ça l'aurait mené, dans un délai raisonnable, à fourrer couches, débarbouillettes, tétine, biberon, vêtements de rechange, médicaments et crème à fesses dans le sac à couches. Et peut-être même à faire tout ça sans que sa femme ne doive lui rappeler qu'il faut *s'occuper* du sac à couches!

Et c'est ce que nous, les femmes, nous vous exhortons à faire aujourd'hui, Messieurs: *Sapere aude*! Osez penser par vous-même! Et ça presse.

Ça a pris dix mille ans pour que vous remplissiez le sac à couches, ça n'en prendra pas un autre dix mille pour que vous sachiez comment le remplir tout seul comme du monde. Ça, non. Dans les officines de la maternité, on fatigue, messieurs. On veut du changement RIGHT NOW. Pourquoi? Parce que nous avons toutes confiance en votre intelligence. Nous savons que votre émancipation est possible, que vous pouvez devenir des partenaires à part entière du remplissage du sac à couches, *entre autres*, et ce, en quelques étapes faciles que vous déterminerez vous-mêmes, tellement vous êtes capables. L'important est que le résultat soit immédiat. Parce que là, c'est juste plus possible.

Et vous, les filles, arrêtez de rigoler. Nous devrons faire des efforts nous aussi. De gros efforts, ô que oui. La reine du logis, c'est fini, Mesdames. À partir d'aujourd'hui, rendons service à nos conjoints en quête de liberté et d'égalité, d'accord ? Arrêtons de vérifier la température du biberon qu'il a fait chauffer, la température de l'eau du bain qu'il a fait couler, le contenu de l'assiette de Junior qu'il a préparée. Cessons de lui arracher des bras un bébé hurlant sous prétexte que nous sommes plus aptes à nous en occuper. Ça va faire, ce niaisage. Et on va aussi arrêter de critiquer quand les hommes oublient de mettre des trucs dans le sac à couches ; ça nous arrive à nous aussi et on n'en fait pas tout un plat. Je l'ai dit au début : notre instinct, c'est de la foutaise. En autant qu'ils prennent l'initiative, laissons nos douces moitiés *sapere aude* en paix, bonté divine.

Entendez-vous, tous et toutes, le chœur des crapauds qui chantent la liberté ?

Messieurs, vous me remercierez un jour.

Et Mesdames, encore une fois, j'accepte les chèques personnels.

Commentaires (4):

Malaury dit:

J'ai vécu l'illumination des Lumières il n'y a pas si longtemps grâce à... un cours du soir. Un soir par semaine (le jeudi en plus!) et un matin où je laisse bravement Papa et Fiston en tête-à-tête pour éventuellement récolter un bout de papier. Je ne prépare rien: ni couche, ni vêtement, ni repas, ni recommandation, pas le temps.

Et bien au bout de quelques mois je me rends compte que mon chum est compétent, très compétent avec fiston. Pire, il l'est plus que moi pour certaines choses!

Ca m'a pris près de deux ans avant de lâcher prise. Le deuxième arrive dans quelques mois, j'espère ne pas répéter mes erreurs.

Mammouth ergo sum dit:

N'est ce pas Kant qui disait: «Bien des livres auraient été plus clairs s'ils n'avaient pas voulu être si clairs.» À force de trop vouloir démystifier le mystère de la vie de couple, Ô Indigne, vous lui en enlevez tout le charme en plus d'y expulser (comme le placenta) tout le pouvoir de négociation qui existe entre deux êtres. Sur ce, moi, tout à l'heure, je sors prendre un coup aux Amazones et je laisse Madame s'arranger simultanément avec notre fille et sa sortie de filles prévue dans deux heures.

Non mais, scrogneugneu... on veut du changement... grogne grogne... Sapere aude mon œil, chose...

Chroniques blondes dit:

Ohhhhh. Merveille des merveilles! Kant, Kant, Kant mon amour!

Je fais deux envois illico presto. Un à l'Office de l'Ingénieux, qui regorge d'hommes qui auraient intérêt à relire Kant avec vos yeux et deux, le chèque personnel à votre intention vénérable.

Polydamas dit:

Enfin, il faut tout de même signaler que, si le pôpa commence à prendre des initiatives, il aura beau avoir prévu le biberon, la tétine, les vêtements de rechange, bref tout ce qui faut, tout ce beau boulot sera inspecté, inventorié, et finalement immanquablement défait dans les dix minutes.

En tant qu'aîné d'une famille où j'ai eu le grand bonheur de donner le biberon à mes frangins et frangines, je sais aussi ce qu'il en coûte à un de ces mâles d'aller à l'encontre de la minutieuse, voire pointilleuse, organisation féminine.

J'avoue que, parfois, j'ai quand même du mal avec les filles d'Ève.

Mère indigne sauve son couple

C hérie?
— Voui, mon amour?
— Ton billet d'hier...
— Voui?
— Est-ce que ça me concernait?
— Ahnonpasdutout, pourquoi?
— Parce que j'ai eu l'impression que tu parlais de moi.
— Ahnonpasdutout.
— T'es sûre? Sûre, sûre?
— Voui.
— Hum.

— Voyons, mon amour. Comment aurais-je pu avoir l'indécence et la mauvaise foi de te critiquer? C'est toi-même qui fais la vérification du sac à couches avant qu'on parte. Parfois. Mon cœur.

— Mais j'ai oublié le sac de cadeaux pour Nièce chérie dans l'entrée dimanche dernier et...

— Et ce n'est pas ta faute si tu as oublié le sac de cadeaux pour Nièce chérie! Oui, je me suis un peu énervée, mais c'était totalement à tort! J'aurais dû vérifier moi aussi, c'est tout. Et contre-vérifier. Ça n'a jamais tué personne. Sinon je serais morte depuis longtemps. Chaton.

— Et puis, faut dire que je m'occupe quand même de pas mal de trucs à la maison...

— Voui, mon ange. Changer les ampoules (une fois par mois), vider la piscine (une fois l'an), réparer les pneus crevés (à date, jamais). Tu es merveilleux. Mon gentil papou.

— JE FAIS LA LESSIVE ET JE SORS LES VIDANGES ET JE VIDE LE LAVE-VAISSELLE ET JE ME LÈVE LA NUIT POUR DONNER LE BIBERON.

— Oui. C'est vrai. Jamais plus je ne renâclerai devant la vérité. Laisse-moi me prosterner devant toi. Mon bel oiseau du Paradis.

— Est-ce que tu te rends compte que ce billet, dans lequel tu te plains des hommes en long et en large…

— Et des femmes, Chouchou.

— … et un peu des femmes, ce billet, dis-je, tout le monde l'a lu et a cru que tu parlais de moi ?

— Ahménonjesuissûrequenon ! Voyons donc ! Qui croirait ça ? D'ailleurs, je ne pense pas un traître mot de ce que j'ai écrit. Poussin.

— Mais… Mais… Pourquoi as-tu été écrire des choses pareilles, alors ?

— Euh. Bien. Hum. Je. Pour que les filles me paient un verre au 5 à 7 jeudi soir prochain.

— Mais… Mais, c'est dégueulasse !

— Oh, oui ! Encore ! J'aime quand tu me traites de salope !

— Mais je ne te traite pas de salope ! Franchement ! Je disais seulem…

— Allez, mon gros loup, je t'en *prie*, dis-moi des mauvais mots !

— Je voul…

— Donne-moi des ordres !

— Bon, là, ça suffit. Tu te tais, et je vais te dire ce qui va se passer.

— Voui… mon King Kong.

— Ce soir, on mange de la soupe. Et c'est moi qui coupe les légumes.

— Tes désirs sont des ordres, Maître…

Père indigne prend l'initiative

Père indigne — Je vais endormir Bébé.

Quelques minutes plus tard, dans la chambre de Bébé : Ouiiin ! Ouiiin ! Ouiiin ! Ouiiin ! Ouiiiiin ! Ouiiiiiiiiiiin ! WAAAAAAAAAA ! WAAAAAAAAAAAAAAAAAA ! WA—! Da ! Da ! Da ! Prrrrrrrrtfff ! Bababadada ! GA GA GA ! Agu-Agu-Agu !

J'entrouvre la porte de la chambre. Bébé est debout sur Père indigne et saute comme une grenouille sur le speed.

Mère indigne — Je vois que nous avons des techniques diamétralement opposées pour endormir Bébé ?

Père indigne — Je ne sais pas pour toi, mais moi, j'utilise la méthode du docteur Youppi.

Ce sur quoi nous avons eu un fou rire, et Bébé n'a pas fait sa sieste.

Mère indigne change de combat (et de chemise de nuit)

(2 commentaires)

(Où la bataille des sexes inaugurée plus tôt s'achève dans une mer de vomi.)

Comment régler temporairement, sinon une fois pour toutes, les chicanes de sac à couches où les insultes fusent et où la *Critique de la raison pure* répond point par point au *Manuel du parfait mécanicien* ? En épongeant du vomi, voilà comment.

Car cette nuit, alors qu'elle sentait sans doute ses parents sur le point de s'engager dans une dispute irréparable, Bébé s'est donné pour mission de faire reluire le plancher de sa chambre à coucher. Et pas avec du Pine-Sol.

On demandait du partenariat ? On demandait de la solidarité ? Mesdames, on en a eu.

Pendant que la moitié XX du couple se faisait copieusement arroser de restes de pâtes aux tomates à moitié digérées en assurant d'une voix douce à Bébé que « c'est bien, il faut faire sortir le méchant » et en vérifiant que ledit Bébé n'avait pas de fièvre (un des premiers symptômes de scorbut et de peste bubonique), la moitié XY sortait la moppe et les serviettes et ramassait le lait suri que le tube digestif de sa progéniture avait évacué en premier sous la forme d'un jet qui aurait fait l'envie de bien des pompiers. Comment les 300 millilitres du biberon du soir s'étaient-ils transformés en format géant spécial quatre litres, mystère. Mais il y en avait partout. Et il y en eut encore. Et encore.

Point de vue du couple, c'était fantastique. Même pas besoin de se parler. Ça roulait, mes amis! Je suis sûre que, dans les coulisses d'un McDo, Père indigne et moi ferions un duo d'enfer.

Alors je préfère vous dire que le sac à couches, hein? On va faire la même chose avec le sac à couches, pardi! On va s'en occuper à deux!

Et ce sera d'autant plus approprié qu'il est plein de vomi, lui aussi.

Commentaires (2):

Michèle dit:

Festival de la gastro. Que de doux souvenirs. Dans une maison centenaire, vous savez, avec des planchers de bois francs avec de larges craques? Avec un couteau, côte à côte, vider les craques... Sur le crochet où sont accrochés les habits de neige des trois autres enfants? En camping... dans un sac de couchage Barbie...

Je suis nostalgique tout à coup...

Souimi dit:

Michèle, je suis aussi remplie de nostalgie. Me concernant, c'est dans un train bondé au retour de Toronto avec mes deux petites. La plus jeune a bien arrosé tout le voisinage et, aussitôt toute nettoyée, c'est la diarrhée qui s'est mise de la partie, alors que nous étions presque arrivées à Montréal. Pas le temps de la changer, il a fallu prendre un taxi arrangées d'même. Un bon chauffeur samaritain italien a ouvert toutes les fenêtres de sa voiture et a ri pendant tout le parcours, disant qu'avec ses cinq enfants, il en avait vu et senti bien d'autres.

Chez nous, mon chum et moi, on appelle ça «nos années slomow».

La ligne Info-Père indigne, pour en savoir vraiment trop sur les choses de la vie

Fille Aînée, au sortir du bain, s'installe dans le lit parental et entame une discussion avec Père indigne. Le ton, me narre-t-il par la suite, est au plus sérieux.

— Papa, qu'est-ce que ça veut dire, pédé ?

— Euh, hum. Pédé ?

— Oui.

Enjeux sociaux graves obligent, Père indigne est conscient qu'il lui faut aller au fond des choses. Courageusement, il plonge.

— Hé bien, pédé, euh, ça vient du mot *pé-dé-ras-te*, qui signifie, euh, qu'un homme aime les hommes et qu'une femme aime les femmes (*tant qu'à expliquer, aussi bien inclure les taxes*).

— Ah ?

— Oui, et, euh, tu sais, certaines personnes trouvent que c'est ridicule ou mal d'aimer quelqu'un de notre propre sexe, et même, dans certains pays, c'est illégal et on peut aller en prison. Mais heureusement ce n'est pas comme ça ici, au Canada, ni en Belgique. Et c'est très mal de rire de ces gens ou de les insulter en les traitant de « pédés ». Tu comprends ?

— Oui. Mais ce que je voulais savoir, c'est pourquoi, sur le roman de Maman, c'est écrit P.D. James ?

— (*Merde.*)

Quand, plus tard, je me suis lancée dans des directives sur la nécessité des parents de demander dans quel contexte la question est posée avant d'y répondre, il m'a lancé un regard noir :

— Si ça ne te dérange pas, je pense que j'ai compris.

Un récepteur à la réception

(3 commentaires)

On ne le dira jamais assez : la vie de parent est pleine de périls.

Pour Beauf' adoré (qui est aussi totalement indigne, comme tous les membres de ma famille sauf ma tante Nicole qui est une sainte), le danger a pris la forme de l'innocent appareil émetteur-récepteur reliant la chambre de Bébé avec la salle à manger.

L'incident s'est produit alors que ma sœur et mon beauf' discutaient de sujets mondains (mais pas trop) avec des invités de grande qualité, autour de l'entrée d'un repas que je qualifierais, connaissant mon beauf', d'extrêmement gastronomique du côté du viandu. Le vin coulait à flot (mais pas trop) ; les échanges étaient spirituels, spontanés, parfois même vifs (mais juste assez). La musique *lounge* style poussière d'étoiles avec une touche discrète de batterie en arrière-plan prodiguait une ambiance feutrée que rien, à part quelques rires retenus, ne venait troubler. Quand je dis « rien », c'est que Bébé, docile, avait eu l'obligeance de sombrer dans le sommeil avant le souper, laissant entre eux des adultes d'autant plus relaxes qu'ils étaient fortement soulagés par ce dodo inespéré qui leur permettait de se bâfrer en toute tranquillité.

C'est alors que le récepteur posé sur l'exquis buffet sculpté dans du bois d'arbre fit entendre un cri plaintif. Sacrebleu, Bébé avait soif!

Déployant tout son art paternel et sa sollicitude conjugale, Beauf' adoré s'éclipsa pour aller donner le biberon à sa moutarde (« moutard » ne s'utilise que pour les garçons, et ma nièce est une fille, que voulez-vous).

Autour de la table, on devisait gaiement. De quoi? Qu'est-ce que j'en sais, moi? Je n'étais pas invitée. Comme je les connais, ça devait parler avec force et esprit de politique, de cinéma, de musique. De foot. Le récepteur posé sur le buffet retransmettait la succion joyeuse de bébé se gavant de lait.

Tout allait pour le mieux lors de ce souper joli.

Jusqu'à ce que.

Brusquement, les convives se tournèrent vers le récepteur qui, pendant plusieurs secondes, laissa échapper un son horrible, à la fois tonnant, tonitruant et lancinant.

Un pet, quoi. Un long.

Dans la salle à manger, on aurait voulu croire que c'était le bébé, mais leurs quelques rudiments de physique suffirent aux invités choqués et à ma sœur mortifiée pour conclure qu'un tout petit bébé ne pouvait contenir une telle quantité d'air. Impossible.

Quand mon beauf' redescendit, tout sourire, ma sœur lui déclara d'un ton sec que « le récepteur était ouvert, chéri ». Il mit quelques instants à comprendre. Un ricanement bref fut sa seule réponse. De toute manière, qu'est-ce qu'il y pouvait? Le mal était fait.

Il ramassa les assiettes et entreprit de servir le boudin.

Commentaires (3):

Mariéeobligée dit:

J'ai déjà capté une conversation téléphonique, celle de ma voisine d'en face, j'étais vraiment étonnée de la qualité du son et j'étais restée plantée devant mon appareil, le laissant ouvert n'écoutant pas vraiment le monologue assez banal qui en sortait... Mon tendre époux, qui est mieux élevé que moi, m'a tout de suite dit que ce n'était pas poli d'écouter les conversation des autres!!! Le lendemain soir, ma fille me demande: «Dis, Maman, est-ce qu'on pourrait écouter Mme T.?»

cahuette dit:

J'ai eu aussi mon moment de honte quand, oubliant le micro-bébé, ma belle-sœur et moi-même changions la couche de nos bébés respectifs tout en déblatérant sur les dernières frasques de notre chère belle maman... qui mettait le couvert non loin du récepteur posé sur le buffet. Ce fut un lonnnng repas...

Michèle Rader dit:

On était en (belle) famille dans le salon et comme nos angelots faisaient la foire à l'étage, ma tendre moitié décide de faire une descente (enfin, une montée) punitive. Dès qu'il posa un pied sur la première marche (elle grince, enfin elles grincent toutes, notre maison est une vieille dame de 1920), on a entendu, via le micro-bébé, Grand Bébé dire à sa sœur: «vite dans le lit!», suivi de «ouuuuuuuuuuuuuuin!» car ladite sœur, dans sa précipitation, avait raté son lit. Fou-rire général. On ne le dira jamais assez: qu'est-ce que c'est rigolo d'être parents.

Les carnets érotixes de Mère indigne
Le sexe après l'accouchement: ça va chauffer!

(7 commentaires)

L'autre jour, alors que je prenais mon petit déjeuner au lit dans un hôtel du Canada anglais, j'eus l'honneur et le privilège d'être témoin d'un moment de télévision absolument horrifiant.

Ça parlait de sexe. À 7 h 30 du mat'. Et pire encore, ça parlait du sexe chez les mères de famille.

Madame animatrice — Notre invitée, une ravissante mère...

Monsieur animateur — C'est vrai qu'elle est ravissante...

Ravissante mère — Hi, hi!

Madame animatrice — ... a publié un livre dans lequel elle révèle que, dans la vie, les mères ne veulent pas seulement jouer leur rôle de mère 24 heures sur 24.

Ravissante mère — On veut aussi du SEXE! Hi, hi! Est-ce que je peux dire ça à la télé?

Monsieur animateur, hypnotisé — Vous voulez du SEXE?

Ravissante mère, sautant comme une puce — Vouiiiiiiii! Hihihi!

Toute cette belle compagnie était excitée comme, eh bien, comme des Canadiens anglais quand ils s'aventurent à dire le mot « sexe ».

Personnellement, j'étais mortifiée. J'ai pensé à toutes ces jeunes mères qui, ayant accouché au cours ~~du dernier des trois~~

~~derniers~~ des six derniers mois et ayant encore l'impression d'avoir un pamplemousse entre les jambes, écoutaient cette émission en angoissant. « Quoi ??? Nous sommes supposées vouloir du sexe ??? »

La vérité qui fait mal, messieurs (et mesdames qui n'ont pas d'enfant), est la suivante : après avoir accouché, non seulement on n'a pas le goût d'avoir du sexe, mais on n'a même pas le goût de se demander si, oui ou non, on a le goût d'avoir du sexe.

La vérité qui tue, c'est qu'on ne veut tout simplement pas y penser.

Primo, avant six mois... mon Dieu, comment dire ?... nous l'avons à vif. Pas comme dans « Oooh, chéri, je ressens une chaleur intense qui t'interpelle » mais bien comme dans « Ouch ! &*%$*&, ça chauffe ! »

Afin de bien comprendre mes propos, messieurs, imaginez-vous qu'une femme vous approche en vous promettant l'amour charnel déchaîné et qu'au lieu de la sensation agréable habituelle vous avez l'impression qu'on vous administre une péniscopie. Bobo, n'est-ce pas ? Eh bien, pour les femmes, le sexe après l'accouchement, c'est *ça*.

« Fort bien, Mère indigne, nous avons compris. Mais, dites-nous, dans votre grande sagesse, combien de temps après l'accouchement durera cet inconfort ? » Selon mon expérience et divers témoignages, ~~cet inconfort~~ ce calvaire dure environ un mois. Mais non, je blague ! On en a au moins pour six mois ! Qu'est-ce qu'on rigole, n'est-ce pas ? Hum.

Par contre, ensuite, tout rentre très rapidement dans l'ordre. Ah, ah, ah ! Encore une bonne blague !

Je vais vous le dire ce qui se passe ensuite. Pendant la première année, c'est en général la femme qui reste à la maison et qui en profite pour s'épanouir en accomplissant de multiples activités fascinantes, comme remplir le lave-vaisselle, vider le lave-vaisselle, faire le souper, passer le balai, faire de la lessive, tout ça en continu mais (allez savoir comment c'est possible) sans que jamais rien ne soit parfaitement en ordre – tout juste assez pour ne pas que la famille meure noyée sous les immondices. Mais, en parallèle avec tout cela, la femme s'épanouit également en tenant dans ses bras, 20 heures sur 24, un bébé qui rechigne, certes, mais qui hurlerait à pleins poumons aussitôt qu'on aurait l'impudence de le déposer.

Bref, pendant 20 heures sur 24, la femme reçoit de la chaleur humaine. De la maudite chaleur humaine.

Alors pendant les 4 heures qui lui restent, qu'est-ce qu'elle veut, la femme? De la chaleur humaine, aussi connue sous le nom de rapport sexuel? Oh, Seigneur, que nenni! Elle ne veut surtout pas de rapports sexuels! Pas de contact avec de la peau, pitié! Tout ce qu'elle veut, tout ce qu'elle espère, c'est s'isoler farouchement dans un coin perdu de la maison, au creux d'une cachette qui dispensera juste assez de lumière pour qu'elle puisse lire un roman policier dont les multiples meurtres sanglants agiront comme un baume délicat sur sa psyché meurtrie. Non, la catharsis n'est pas une fleur printanière dans la région du Kilimandjaro.

Vous aurez compris que la ravissante mère du début peut bien aller s'organiser des orgies entre deux changements de couches. Nous, on veut la paix.

Et pour les nymphomanes perverses qui veulent du sexe immédiatement (c'est-à-dire moins de six mois) après l'accouchement, allez former un club avec la ravissante mère et annoncer vos services sur www.jeunesmèrequiveulentdusexe. com, mais ne venez pas nous déranger. Nous, on dort.

Bon, tout ça finira éventuellement par s'arranger et vous redécouvrirez les joies d'une vie sexuelle normale, strictement dans la chambre à coucher, sans faire de bruit, quand les enfants dorment ou, pour les plus pervers, quand ils écoutent un DVD de Dora. Si vous avez de la chance, mesdames, il vous arrivera peut-être même de devoir aller allaiter en porte-jarretelles!

Est-ce que j'ai dit une vie sexuelle normale, moi?

Messieurs, je suis désolée. J'avoue que la conclusion ne peut pas vous réjouir. Vous aurez compris qu'il faudra, pendant plusieurs mois (autour de douze, mais je ne voulais pas dire un an, c'est trop dur psychologiquement):

1. Ne pas insister, pour la simple raison que ça nous emmerde royalement et que c'est, comment dire, contre-productif;

et 2. Vous faire un nœud dedans.

Je vous conseille d'ailleurs d'utiliser pour ce faire un beau ruban rouge que vous nouerez joliment en boucle festoyante. Comme ça, quand l'envie nous reprendra, on aura l'impression de déballer un cadeau très, très spécial.

Quant à vous, Mesdames, comme toujours, j'accepte les chèques personnels.

Commentaires (7):

Môman-37ans dit:

J'ai eu trois enfants, et chaque fois, c'était la même chose: avant six mois, pour que j'aie envie de «la chose», il fallait que mes enfants se fassent garder par ma belle-mère depuis plusieurs heures, que j'aie pris un bain aux chandelles tranquillos, relaxé au max, regardé un bon film ou m'être changé les idées afin d'oublier que je suis une MÈRE, et après que j'aie retrouvé un tant soit peu le feeling d'AVANT la famille, LÀ j'étais partante… Dans le fond, après la maternité, on est moins exigeante qu'avant côté préliminaires… c'est la sorte de préliminaires qu'on veut qui est différente !

Mammouth Turgescent dit:

Mère indigne, j'ai bien compris vos propos (je me demande pourquoi personne ne m'a expliqué cela avant) et j'ai mis en pratique vos conseils.

Bref, à compter d'aujourd'hui, je ne dis plus rien, je me tais. Un monument de stoïcisme, je ne vous dis pas. Maintenant, toute demande d'échanges copulatoires, de câlins pervers ou gouli-gouli vachement mignons devra préalablement passer par une sous-commission d'étude, qui par la suite devra émettre des recommandations à un comité aviseur, qui lui-même relèvera du conseil familial, conseil qui a un véritable pouvoir décisionnel. Faisons simple, mais efficace.

Cependant, pour le nœud… Comment dirais-je, c'est un peu délicat à expliquer… m'enfin… vous recommandez quoi ? Un nœud plat (eeech) ? Un nœud de chaise (oh la la) ? Le nœud de drisse (ouche !) ? Le nœud d'écoute double (aïe aïe aïe) ? Le nœud de jambe de chien (non, pitié, tout mais pas ça) ?

Votre tout dévoué,
Mammouth Turgescent, mais bientôt Flaccide

Josie dit:

Mère indigne, merci. Vous venez de me confirmer ce que je soupçonnais depuis longtemps: je suis une nymphomane perverse.

Mère de deux enfants, j'ai repris mes activités sexuelles six semaines après le premier et 4 semaines après la deuxième. Je sais que vous ne vouliez pas être dérangée par autant de perversité, mais pour le bien de la démographie je me devais de rassurer ces futurs pères complètement sidérés…

Grande-Dame dit:

Mère indigne, que faites-vous des femmes tellement heureuses d'être libérées du calvaire de la grossesse, tellement sur un *high* d'amour et de bonheur qu'elles sautent sur leur homme en plein lit d'hôpital et se font couper le plaisir sous le pied par une infirmière qui entre dans la chambre au moment des préliminaires?

Ce sont les grandes oubliées...

Natcho dit:

Puis-je ajouter ma petite pierre à l'édifice? Après un accouchement (dont le déroulement varie d'une femme à une autre), le sexe passe en deuxième, on le sait. C'est la durée de l'après qui varie aussi, d'une femme à une autre.

Si on s'y remet trop vite, oui ça va chauffer et on aura l'impression d'accoucher à l'envers! Si on s'y remet trop tard, oui on peut avoir perdu de vue notre partenaire. Il faut se ménager du temps SEULS. Même si c'est juste pour dormir, pour être ensemble sans interruption, bref pour être en mesure de prendre le virage en douceur. Quand je vois les entourages bien intentionnés submerger les couples de cadeaux matériels, de peluches inutiles, j'ai envie de hurler. C'est pas d'attrape-poussière qu'ils veulent, c'est retrouver leur souffle et leur intimité!

Le pire, c'est la fatigue. Cette formidable fatigue qu'on a jamais ressentie avant. Si c'était à refaire (ma plus jeune a 12 ans), j'instaurerais une règle immuable: un week-end par mois juste pour nous deux, OK?! Le reste, ça peut attendre, ça ne mourra pas. Notre couple peut-être, sinon...

Si vous avez des amis nouveaux parents, pensez-y avant d'ajouter à leur tension!!!

LadyW dit:

Le pire dans tout ça c'est qu'en plus, ça ne va pas en s'améliorant : attendez d'avoir un ado gavé d'*Occupation double* et de *One Tree Hill* à l'ouïe TRÈS fine qui n'attend que l'occasion de déclarer en bonne compagnie (c'est-à-dire, devant les grands-parents) qu'il vous a entendue miauler la nuit dernière. Très agréable.

Son père et moi nous économisons frénétiquement pour l'envoyer à l'université en Ontario.

Manon dit:

À quelle adresse je le poste, ce chèque ??

Mère indigne se (re)lance en affaires

3 février 2006, 10 h a.m.
Cher Journal,

Hier soir, Fille Aînée m'a demandé des précisions documentaristiques sur le thème « Objectif : Bébé ». Ça m'a fait penser : *il serait temps*. Tu sais, « temps ». Le temps *de*.

Père indigne et moi, on a bien essayé « de » une couple de fois au cours des derniers mois, mais je ne te le cacherai pas, cher Journal, c'était surtout pour tester la tuyauterie. « Me recevez-vous cinq sur cinq, Mike India ? Testing ouane-tou, testing ouane-tou, je vous reçois deux sur cinq, Papa India. Y'a encore de la friture sur la ligne. *System failure*! Remballez l'équipement et rentrez à Houston, ça presse. Roger that, 10-4. »

Mais ce soir, cher Journal, ça va changer. En plus, je suis en forme ! Enfin, relativement en forme malgré les quatre réveils de Bébé cette nuit. Mais je peux toujours me reposer pendant ses siestes !

Allez, un petit courriel à Père indigne pour lui dire de se tenir prêt pour le grand jeu !

À : Père indigne
De : Hot Mama
Mon Biquet adoré,

Je suis tellement hot aujourd'hui que, si je mange de la soupe, c'est elle qui va se brûler. Tiens-toi prêt pour le grand jeu !!!

Signé :
Ta Chérie EN FORME !!! xoxoxoxo

———

À : Cutie Mama
De : Rocket Power
Chérie,

Message reçu. Je cours chez Érotim m'acheter des mitaines de cuisine en silicone (s'ils n'en ont pas en latex). Tu ne seras jamais trop hot pour moi !

Signé : Ton Biquet allumé

———

Hou, là là ! Ça va chauffer ce soir, je le sens !

1 h p.m.

Pas moyen d'endormir Bébé. Pauvre chouette, on dirait qu'elle a des coliques. La seule chose qui la calme, c'est quand je danse la Danse des canards en accéléré. J'espère qu'elle s'endormira bientôt. Je l'espère vraiment.

5 h p.m.

Bébé n'a pas encore fait de sieste, la p'tite maudite. Je pense que je l'ai trop excitée avec ma chorégraphie. La prochaine fois que je vois un canard, je l'éviscère à mains nues.

Et le devoir de Fille Aînée: «Demande à tes parents de lire ton porte-folio, de le commenter longuement et de signer ton bulletin pour demain absolument.» Écrire un petit mot au professeur en invoquant l'«excuse sexuelle» pour remettre ça à plus tard? Peut-être que Madame Nicole comprendrait, mais pas Fille Aînée (et on ne veut pas qu'elle comprenne non plus).

Bref, je suis comme qui dirait un peu fatiguée. Mais courage, on est supposé faire la fiesta ce soir. Rester positive. Rester en forme. Surtout, rester éveillée.

6 h p.m.

Bébé est crevée mais ne veut pas dormir. Elle pleure non-stop sauf si elle est dans mes bras. Fille Aînée me harcèle pour jouer aux devinettes. Je n'en peux plus.

7 h p.m.

Heureusement, Père indigne est arrivé – avec une bonne bouteille! Excellent. Ça fait toujours du bien, un petit apéro en préparant le souper (pas facile avec Bébé dans les bras, mais Père indigne voulait prendre une douche et on ne peut pas en vouloir à un homme d'être propre de sa personne, surtout avant *the* nuit d'amour. Heille, ça va chauffer pas à peu près! En tout cas, j'espère).

Allez Mère indigne, on remet son verre à niveau et à table tout le monde! Faut pas être en retard pour le dessert!

⌣

4 février 2006, 8 h a.m.

Cher Journal,

Je ne sais pas si Père indigne a eu du sexe hier soir, mais si oui, ce n'était pas avec moi.

Les événements sont un peu flous dans ma tête, mais Père indigne m'a tout raconté. Je me souviens que, pendant le souper, j'ai eu l'impression que mon assiette se jetait sur ma figure. En fait, c'est moi qui suis tombée la tête la première dedans. En ronflant. Fille Aînée m'a débarbouillée (il semble que je sois plus docile que Bébé dans ce domaine) et ils m'ont traînée dans le lit. Il paraît que je me suis levée à deux heures du matin pour donner un biberon, mais Père indigne m'a renvoyée me coucher (j'avais mis le reste du vin d'hier soir au lieu du lait dans sa bouteille et j'avais commencé à boire le biberon moi-même – je me demande comment j'ai pu faire un truc pareil!).

La dernière chose dont je me souviens, c'est Père indigne qui me murmurait à l'oreille : « Si j'ai bien compris, tu es en train de me dire : À la prochaine fois. »

Ça, c'est bien vrai! Je n'ai pas dit mon dernier mot.

Mais en attendant, si ça ne dérange personne, je vais quand même aller me recoucher. Bébé fait une looooongue sieste ce matin. Ah, ah, ah.

Confession gourmande

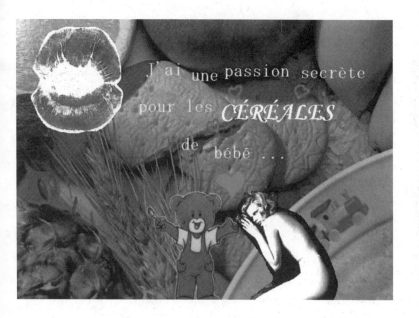

J'ai une passion secrète pour les **CÉRÉALES** de bébé ...

Père indigne va au bâton

Pour cet autre billet de notre folle série quasi-XXX, je cède l'antenne à Père indigne, qui la saisit d'autant plus volontiers qu'il n'est même pas à la maison en ce moment. (Il paraît que le vol d'identité est à la mode ces temps-ci, alors pourquoi pas?)

Voici donc, en provenance directe de l'impressionnante plume de mon mari chéri, les trucs de Père indigne pour mettre de l'atmosphère.

Chers amis,

Vous êtes comme moi: vous connaissez les femmes. Ou bien croyez-vous seulement les connaître? Saisissez-vous vraiment l'importance, que dis-je, la *crucialité* de l'ambiance afin que s'accomplisse dans toute sa splendeur l'acte pour lequel Dieu a créé l'homme et la femme pour qu'ils réalisent la symbiose et atteignent l'apothéose de leurs destinées mêlées, et ce, en moyenne deux fois par semaine? D'accord, j'exagère, mettons une fois.

Oui, l'ambiance. L'atmosphère. Le climat. Le *mood*.

L'équation est simple. Pas d'ambiance, pas de chance. Pas d'atmosphère, pas de fesses à l'air. Pas de climat, pas de climax. Pas de *mood*, sortez l'huile de coude.

Mais comment, vous demandez-vous, au comble de l'anxiété, *comment* parvenir à instaurer cette ambiance alors que, dans la maisonnée, s'agitent et babillent ces quelques marmots qui, s'ils résultent d'un gros party luxurieux, en constituent après la naissance l'antidote par excellence?

Trois mots: steak, blé d'Inde, patates. Oh, pardon. J'ai confondu avec autre chose. Je disais donc, trois mots: rapidité, flair, phéromones.

Que sont d'abord les phéromones? Facile: c'est l'odeur de l'amour. Et comme les phéromones font leur travail en catimini, vous n'avez pas besoin de vous en occuper. Faites juste vous croiser les doigts et espérez que les vôtres ont pris leur douche récemment.

Par contre, le flair et la rapidité, ça se travaille. Mais j'ai développé au fil des ans quelques trucs que je partagerai avec vous, en toute confidentialité.

1. Si, comme moi, vous possédez une épouse qui ne rechigne pas sur le côté rigolo de la vie, procédez comme suit (j'ai testé la formule avant de vous la refiler, évidemment):

Dès que vos tout-petits sont au lit (et dorment), abordez votre tendre moitié en vous exclamant, clin d'œil bien senti à l'appui: «Chérie, un homme, c'est comme un meuble: ça s'astique.»

Vous provoquerez ainsi un éclat de rire garanti et cela est juste et bon, mes chers amis, car tout le monde sait que «le slip d'une femme se conquiert par des risettes» (Don Juan de Marco, à moins que ce ne soit ma grand-mère).

Par contre, attention. Si le sens de l'humour de votre femme est doublé d'un sens de la répartie aiguisé, vous risquez de vous faire répondre que c'est votre tâche à vous, d'habitude, d'astiquer les meubles dans la maison. C.Q.F.D. et retour à la case départ, j'en conviens.

Il se peut également qu'elle trouve votre blague tellement bonne que l'ambiance tourne à la franche rigolade. Si c'est le cas, vous vous retrouverez ensemble au lit, certes, mais ce sera pour regarder un épisode du *Cœur a ses raisons* sur votre portable. Croyez-moi, je parle d'expérience.

2. Notre flair nous suggère donc qu'un peu moins d'humour serait de mise. Qu'à cela ne tienne! Mettons donc les mousses au lit, monitorons l'activité électrique de leur cerveau afin de profiter du moment où ils seront en phase de sommeil profond, et passons à l'action.

Je vous incite fortement à sortir des sentiers battus. Exprimez à votre douce et tendre vos intentions sulfureuses en faisant fi des déclarations habituelles et convenues, du style «je te veux là, toute nue, sur le paillasson piquant de l'entrée» ou encore «fais-moi un strip-tease sur la Danse des canards et du *lip-sync* en même temps, pourquoi pas?» Tout cela a été remâché et rebattu tant de fois par tant d'amoureux à l'imagination sèche et stérile! Faites-lui plaisir, oubliez ces tactiques poussiéreuses et passez à autre chose, en vitesse.

Pourquoi ne pas, comme moi, lui susurrer à l'oreille par un soir de pleine lune: «Chérie, ce soir, faisons le rite de l'amour.»

En entendant ces propos aussi audacieux que recherchés, elle se jettera sur vous et...

Bon, bon, j'avoue! Elle a ri! C'était une blague, aussi. Je suis Belge, bon sang, que voulez-vous que j'y fasse? Le sérum du rire coule dans mes veines, c'est inné, je n'y peux strictement rien, une fois.

Elle a ri, donc, suite de quoi elle m'a proposé de faire un sacrifice sur l'autel vaudou du stupre et de la luxure. On a encore ri, puis on a écouté un autre *Cœur a ses raisons*.

Ce que je voulais vous dire, en fait, les gars, c'est ça : il faut à tout prix créer l'ambiance. C'est juste qu'il ne faut pas créer n'importe laquelle.

Signé : Père indigne et ses anti-trucs

Merci, Père indigne, pour ce périple au fil des chemins les moins fréquentés (avec raison).

Coudonc, vont-ils finir par finir, vous demandez-vous ? Mystère et boule d'hormones…

En terminant, une petite blague : c'est quoi la différence entre astiquer un homme et astiquer un meuble ? Le meuble, après, il est plus brillant. Prrrfffttt…! (Il a couru après, avouez.)

Le courrier érotixe du Docteur indigne

Chers lecteurs, nous en sommes à la dernière partie de ce rallye (ou plutôt de cette course à obstacles) combinant le presque sexy à la quasi-extase. Afin de vous redonner confiance en l'humanité, je vous présente le docteur I., qui a une réponse pour chacune de vos questions les plus indignes. Suite de quoi, j'espère que vous mettrez le week-end à profit pour, je ne sais pas moi, faire du ménage?

Cher Docteur I.,

Nos amis, qui sont ensemble depuis quinze ans et ont deux enfants en bas âge, font encore l'amour comme des lapins et n'hésitent pas à s'en vanter devant nous, qui sommes en couple depuis huit ans, avec une seule fille plus si jeune que ça. Nous savons que c'est une attitude méprisable de notre part, mais chaque fois qu'ils nous parlent de leur maudite vie sexuelle d'hyperactifs, nous les castrerions avec délectation. Que faire pour conserver l'amitié de ces casse-couilles sans recourir au Ritalin?

Mariette

Chère Mariette,

VOUS N'ÊTES PAS SEULE. Croyez-en mon expérience, ce genre de casse-couilles est extrêmement répandu et suscite bien des envies de castrations intempestives. Heureusement, plusieurs solutions s'offrent à vous.

Par exemple, avez-vous songé à suspendre vos relations amicales pendant une soixantaine d'années? Parions qu'à 90 ans ils seront moins fringants. Le problème est qu'ils pourront alors vous rebattre les oreilles avec leurs exploits passés, mais à ce stade vous souffrirez probablement d'Alzheimer et n'en aurez cure. En désespoir de cause, vous pourrez toujours leur voler leur dentier; leurs tentatives de vantardise perdront rapidement de leur mordant.

Si cet écart de soixante ans vous semble quelque peu exagéré, pourquoi ne pas concocter une statuette vaudou maison à leur effigie? Vous avez sûrement quelques poupées qui traînent chez vous! (Attention: ne prenez pas la plus vieille et la plus laide, c'est la préférée de votre fille.) En les décorant de quelques aiguilles judicieusement placées, vous refroidirez les ardeurs de Lapineau et de Lapinette, qui ne se vanteront plus tellement de grand-chose lors de vos soupers de couples mais s'éclipseront dorénavant épisodiquement à la salle de bain, question de se rafraîchir le Vagisil.

Finalement (je sais que la solution semblera draconienne, mais qu'à cela ne tienne), pourquoi laisser l'amertume vous envahir au récit exalté de leurs exploits débridés alors que vous pourriez, si j'ose dire, en prendre de la graine? Un couple de ma connaissance, qui préfère conserver l'anonymat, a tenté l'expérience qui suit:

Mère indigne — Je me demande ce que X et Y font ce soir ?

Père indigne — Tu sais bien, ils doivent encore être en train de baiser.

Mère indigne — Tiens, ça ne te donnerait pas une idée ?...

Père indigne — T'es folle ! On est lundi !

Mère indigne — Et après ?

Père indigne — Et après, on va être tout mêlés ! Baiser un lundi. Non mais.

Mère indigne — Ouais, peut-être bien... En plus, il est quelle heure ?

Père indigne — Neuf heures vingt-huit.

Mère indigne — Autant dire neuf heures et demie...

Père indigne — Dans exactement deux minutes.

Mère indigne — Tu as raison, ce n'est ni le jour ni l'heure pour faire des cochonneries. Excuse-moi, je ne sais pas où j'avais la tête.

Père indigne — On se regarde un *Cœur a ses raisons* ?

Mère indigne — Yes !

Hum, oui, bon, enfin, ça ne tourne pas toujours comme on l'avait prévu, mais l'important, c'est d'essayer.

⌣

Cher Docteur I.,

Mon mari est fanatique du sexe anal. Que faire ?
Marie-Rose

Chère Marie-Rose,

Je remarque tout d'abord que vous n'êtes pas douée pour la dactylographie car vous vouliez bien évidemment parler de « sexe *banal* ». Vous êtes toute excusée, ça arrive aux meilleurs d'entre nous.

Donc, votre mari aime le sexe banal. Je conçois votre découragement, mais cette situation a ses bons côtés. Si vous avez des enfants ou prévoyez en avoir, le sexe banal, i.e. discret et confiné à la chambre à coucher, est comme qui dirait une condition *ciné-quoi-nonne* de l'acte sexuel (j'ai lu du San Antonio hier soir).

La chambre à coucher, loin d'être cet endroit soporifique décrié par tant de célibataires trop jeunes pour connaître les maux de dos et démangeaisons consécutifs à des séances débridées de remeuleumoileu effectuées sur le carrelage de la salle de bain ou le paillasson piquant de l'entrée, est votre doux refuge, votre molletonneux sanctuaire, où un matelassé ami accueillera vos fèfèsses douillettes sans gémir (ou si peu). De plus, un loquet judicieusement installé sur la porte de cet antre de l'amour-confort empêchera vos petits angelots somnambules de découvrir que papa et maman font autre chose ensemble que de la sauce à spaghetti.

Bref, chère Marie-Rose, vive l'amour banal ! C'est sans douleur, et à la portée de toutes les bourses.

❥

En terminant, chers lecteurs, un conseil : s'il vous venait l'envie de pimenter votre valse de l'amour par des déguisements quelconques, soyez prudents. Que de couples ai-je vus en consultation suite à une irruption intempestive de Junior dans la chambre à coucher, surprenant alors Papa déguisé en cowboy et Maman en danseuse de French cancan ? « Veux jouer, moi aussi » n'est pas une phrase que l'on souhaite entendre au plus fort d'une reconstitution pas très historique d'*Il était une fois dans l'Ouest*.

⌣

Merci, cher Docteur indigne, pour ces calembredaines, cabotinages et douteux conseils que nous ne manquerons pas de mettre en pratique, surtout sur X et Y.

Vive les parents... libres?

Hier, grande expédition pour mener Petite Chérie et Bébé chez les grands-parents pour la soirée et la nuit. «Au revoir les enfants», disent Père et Mère indignes. «Vous nous manquerez.» Et ils partent, prodiguant force câlins et moult bruits de bouche rassurants.

Pendant le trajet du retour règne dans la voiture un calme surréaliste.

Mère indigne — Nous sommes libres. LIIIIIIIIBRES!!!!!

Père indigne — Libres de dormir.

Mère indigne — Oui. Et de faire du ménage.

Père indigne — Ah.

Comme quoi la prison, c'est parfois dans la tête.

Bobettes blues

Ne me dites pas qu'il n'y en a pas quelques-unes ici qui aimeraient avoir un dernier petit morceau de Jean-Louis XXX à se mettre sous la dent, hummm, les filles?

Hé bien, Jean-Louis XXX, pendant le temps des fêtes, j'ai vu ses bobettes.

Je sais, ce n'est pas prudent de vous dire ça comme ça, à froid, sans prendre de précaution, alors que vous avez votre sapin à défaire et pas une minute à consacrer à de quelconques rêveries sulfureuses sur fond de meuble IKEA. Mais le fait est: j'ai vu ses bobettes.

Attendez que je me souvienne...

Je ne sais pas comment je me suis retrouvée seule avec lui dans le sous-sol, mais toujours est-il que c'est là qu'il m'a fait la grande proposition: « Je te montre les miennes si tu me montres les tiennes. »

Personnellement, les bobettes de Jean-Louis, hein? Bof. Après tout, Père indigne aussi en a, des bobettes, et je les regarde quand je veux. Si, si, je vous jure! Mais j'ai pensé à vous, chères lectrices. Pouvais-je décemment laisser passer une telle occasion de recueillir de l'information sur les célèbres B. de J.-L.?

Alors, j'ai dit: « OK, c'est toi qui commences. »

Oh, là là, mes amies! Bon, j'ai juste eu droit à un bord de bobettes tiré au-dessus du pantalon, mais c'est fort heureux. J'en étais déjà suffisamment remuée comme ça.

La chose était en léopard. Y'avait du noir, du orange. De ci, de là, des brillants, telles des étoiles scintillant dans le ciel de son entrejambe (diable, je suis poète, ce matin). Ça vous réveillait la bête féroce, le fauve en l'homme, mais sans l'odeur. Pas de trous apparents, enfin, juste trois aux bons endroits, pour laisser passer les jambes et la taille, j'imagine. Ah, il finissait l'année en beauté, le XXX !

Je me suis assise quelques secondes afin de calmer mon émoi culotté. «Jean-Louis, haletais-je, ne me refais jamais ça. Je suis une femme fragile.»

Ça a eu l'air de l'étonner. Père indigne me pardonne, je crois même que je l'ébranlai. «Tu es fragile, toi?, me demanda-t-il.»

«Euh, non, mais je vais faire comme si.»

C'était maintenant à mon tour de me dévoiler un bout du coton intime. Or, les copines, on se connaît. On ne commencera pas à se raconter toutes sortes de menteries, n'est-ce pas? Les bobettes pour filles, toutes les sortes de bobettes, ça finit par remonter. Vous savez, remonter? Coincer? D'ailleurs, le jazz aborde cette ô combien sérieuse problématique de la bobette féminine qui se coince dans son grand classique, *It Might As Well Be String*.

C'est un fait, toutes les bobettes de fille, du string au boxer, se coincent. Toutes, sauf une qui résiste encore à nous envahir: la culotte de grossesse. J'ai fait un sondage une fois, et une personne sur une m'a confirmé que ses bobettes de grossesse ne lui coinçaient jamais là où ça coince habituellement. Jamais. Alors, bon, mes culottes de grossesse, je les porte encore. Je les porte souvent.

Et je les portais en ce soir fatidique du temps des fêtes.

Je n'ai même pas eu besoin de tirer mes bobettes au-dessus du bord de ma jupe, elles dépassaient déjà dans toute leur beige ~~volup splend~~ beigeur.

Jean-Louis, que vouliez-vous qu'il fasse? Il a remonté l'escalier en courant et s'est envoyé deux vodkas coup sur coup.

Ça doit être pour ça qu'il était vert et que ses yeux étaient pleins de larmes.

Moi, je me sentais bien. En effet, j'avais le sentiment profond d'avoir accompli une bonne action. Car, soyons réalistes, Jean-Louis venait de toucher le fond du baril. Par conséquent, les choses ne pourraient que s'améliorer pour lui en 2007! Appelez-moi Bonne Fée Marraine.

En passant, Jean-Louis, ça m'a fait plaisir. Et c'est quand tu veux. Mes bobettes beiges seront fidèles au poste.

Remerciements

Je tiens à remercier du fond du cœur tous les lecteurs du blogue Chroniques d'une mère indigne. Depuis le début de cette aventure, ils ont fait souffler sur mes textes un vent de folie qui continue à m'emporter et à m'enchanter.

Merci, donc, à tous mes compères virtuels, les silencieux comme les plus bavards. Ces derniers sont, de mars à décembre 2006 :

[moi], -Fp, °zabel°, 7h48, À bord du 558, a l'ouest, a n g e l, AangeZen, Accent Grave, adeline, Adriana, Agathe, aileen, Alatàriël, Albert, Alex, Aline, alix, Allo, Aloise, altaïr, Amandine, AMBRE, Amélie, Anana, Andre.G.Tremblay, andred, Andrée, Androue, Angela, anita, Annabelle, Anne, Anneau Nyme, Anne-Lune, Annick, annick077, Annie, Annie_Antibrocoli, Annie-Claudine, Anonymous, Anouck, ArbaraK, Arièle, Arielle, Arnaud, AspiranteMamanRévoltée, aurelhie, AuRéUs, AVa, Ava, Ayla, aziliz, babs, Bambi, barb, Barthox, batlebatt, Beah, beamodern, bebert, Bécassine, Bella_Léa07, belle d'ivory, bellzouzou, Beloiseau, Ben, Benoît, bibite, Bibite007, bibitte, Bichonne, Bismarck, Blanche, bleu, boomette, Bourgeois, Bozette, brigitte, cacawet, cahuette, Cakti, Calaly, Cam, camionneuse, Camomille, Cap'n Crunch, Carizak, Caro, Caroline, caroline, Caroline à Londres, CaroO, Cassiopée, cat, Catastrophe, Catherine, catherine, Catrou, CC, cebrefreveil, Celle qui va, Cessy, charlie, Cher Ami, chérie, Chikita, chlorop, Chocolyane, choupette, CHRIS, chris, Christine, Christophe Berget et Ludivine, Chroniques Blondes, CISS, Clara, Clara.be, Claudine, Cleanettte, Clem, clément, clerpée, co de contes,

Coccibulle_71, Coccinelle, Cocolico, Coconut!!!, colaille, commère des Pyrénées, commère indigne outre-atlantique, convenir, copain, cosmiclady, couverte, CrazyMrsNancy, cybie, Dafrey, dame automne, Damia, Danaée, Daniel, Daniel Rondeau, Danielle, darklady_, ddchka, dé.K.lée, Deau, delirium, Delph B., Den the man, Denis L., DescrisenLigne, Didi, didou, Didouchka, Die Sterne, digne fille de ma mere, Dio, Disco, distinkt, Diva du Foyer, djo, djue, Do, Dobby, Dodinette, Dom, Dominique, doparano, Dr Maman, drenka, Duggerzzz, EastEndMomma, Easybelle, Éditeur indigne, Éducatrice indigne, Élie, eliza, Elsie (De Cergy, pas loin de Paris), Elyia'nha, Elyianha, Emma Peel, Emmanuelle Lux, Er Ger, erger, Éric, Estelle, Esther, Etolane, Etudiant alpha, Étudiante Indigne, Eva l'architecte, Eve, Eveline, Fabi, Fabilou, Fairy, fanindigne, Fanny, Faole, Faydra, Fée, Fervente admiratrice, FILLE AÎNÉE et sœur d'ELLE, fille distraite, Fille qui a compris, Fille_ordinaire, fin fond de la pologne, Fleur de la passion, fleur003, Flo, Flo Py, Florence, Folieve, Forsythia, France, Francis Lewss!, Francois, FrançoisBoucane, fred, frédérique-etc, French Lily, frenchgirl, Frère (et parrain) condamnable, Frimousse, ftibo, Gaalbs, Gabbel, Gabu, Gabydoune, Gatto, Ge, GeekGirl, gege, Gen, GeNeViEvE, Geneviève, gengen, Gernobyl, Ginger, Ginnyzz, Gorge, gps légaré, Grande-Dame, Graziella, Gretabel, Gribouye, Grimalmy, Guyli, Helniev, homme, Hope, hoplalavoila, Houssein, ici-julie, Ignacio, Ignoble Vignoble, Importée, Insouciante, Intellexuelle, is@, Isa, isa la gonne, Isabelle, Isabelle N. Miron, Isapooh, Isma, Ivellios, Jacinthe, jacqueline (belgique), Jacques a, Jam, Janis0-0, Jean Louis XXX, Jean-François, Jeann'indigne, Jeanne, jellybinne, Jenny, jennyale, Jessica, jeune maman, Jhon, Jid, J-Jolie, J-Julie, Jo Morgan, Joa, Joblo, Joe, Jojonana, Jojovy, JolyAnn, Josee, Josette

Noisette, josiangency, Josie, Joss, Joul, jpou, Jue, jul, Julia, Julie, Juliette, julirenov, Juste à nous, Kafeeine, Kajin, kakahuette, kalliste34, Karina, Karine, Karine/Le Carrefour, Karmara, Kasi, Katarina, Katharyna, Kenza, Kerigane, khey, kheyliana, kika, Kiki, KimGala, Kitty-4, kittyscarlett, Koala, Krazy Kitty, KT, kzi-kzi, L'Ambassadeur, L'âne alpha et bête, L'Ardente, l'enfant bulle, L'étudiant alpha, L'Ex blonde, lµdivine, La Bine, la bitch qui sommeille, La Bonnefemme, La contemporaine contemple, La diététiste, La gReLuChe, la marie, La novice, La Puce, La Troll Family, laborantin, Lady_Marian, Laerad, Lalie, Lalie, la-pie, lapinette, LaPoof, Laura, Laurence, laurence singapour, laurent, Laurent, Laurie, Le Chamelier Flou, Le Chat buté, Le numérologue, Le Pantin Bleu, léa, Léa, les bébés bonbons, Les DH, Lili, lili, liliduciel, Lily, Lise Holoir, Lledelwin, loca, Logimar, Loom, lory, Louiz, loul, Loula la nomade, Loupi, louve, lp, Lucie, lucilla, Lui, Lulu la luciole, Lulustucru, Lutin 007, Lyne-la-coquine, Lyne-la-lune, m et m, m^Â^dmum, M'zelle bulle, Ma Copine, Mac, Macho man, Madame C, Madame Chose, Madame MM, Madame Patate, Madame Une Telle, madlee, Magenta, Maggie, Magique, Malaury, M-Alice & co, Malika, malye, Mama Mouraska, mamamiiia, Maman caféine, Maman cernée, Maman Chérie, Maman d'Antoine, maman Julie, Maman monoz', Maman monstre, Maman pour la vie, Maman Solo, Mamanmono, Mamannie, mamansophie, mamantaxi, mamapaki, Mamie indigne, Mamily, Mammouth, Mamou, Mamouchka, mamounet, Mamounia, Manivelle, manon, manu, manu le malin, Manue, Maraka, marc, Marc Porta, Marc Snyder, Marc-Antoine Mauzerolle, Marcel ze Mussel, Marchello, Mardimax, margaux033, Marie, marie raspberry, Marie_C, marieclaude, Marie-Claude, Mariéeobligée, Marielle, Marie-Lorraine, Marie-Lune, Marie-Pascale,

Marie-Pier, Marine, Mariposa, Maritxu, marjan, Marmicelle, marquise de carabas, marraineallaitement, Martin, Martin Dufresne, Martine de l'autre rive, Martine la banlieusarde, Mary, mary-céramike placard, matante pas trop quétaine, Mathematicienne, mathieu, Mathy, Matit, Matthieu et Elise, Maude, mav1611, Mawie, Max, Maxie, Maxime Archambault-Chapleau, Maya, MC, m-chue, Me, Méchant Raisin, meg619, Méganne75, MéKesKelDi, Melane, Mélanie, melany, melbo, Melissa, melle bille, Mélodie, Melomane, Mélusine, melyindigne, Mere enragee, Mère Essoufflée, mère ingrate, Mère névrosée, Mère Perplexe, mèreauborddelacrisedenerf, meredesdieux, Mère-pas-sortie-du-bois, Merlou, mgaspésie, mh, mia, Michel, Michel Leblanc, Michèle, Michèle Rader, Micheline, Miel d'automne, Mienblog, Mikk, Milk, Mimi, mimi, Mimi de Houston, Minanette, minimoi, Minnie, Miralda, Miss, Miss Café, Miss Patata, Miss Souris, miss.lezard, miss_emma, miss_neptune, MissMu, Miss-Nuit, Mistinguette, mlh, Mlle, Mlle_K, Mme B., Mme la Substitue du procureur général, mme pas contente, Mme Vimont, mmebricole, MmeProf, MmeSarahM, Mmm, Mo, Moi, Moi même, Moi ou l'autre?, MoiMoiMoi!, Molivabelle, Môman-37ans, mommy-caro, Mona Mayfair, Monique, Moukmouk, Morgan, Mrrr, Mrs.Pinkeyes, MS, murielle, Mya'nha, Myckaa, Mylarie, Mylène, mymy, Myo, Myriam, myriam, N'ayez pas peur!, Nadia, nadjejda, Nadyne, Nancy, Nap, Narriman, natasha, Natcho, Nath, Nathalie, nellooo, Nemita, Nemo, Nero, Ness, Newmom, Nickie, Nicko, Nicole, Nina, Nine, ninepounddictator, ninick77, Nita, Norah, noun, Nounours, Nulle_part_ailleurs, NSI, Oelita, ofelieb, oknotok, ophise, Orchidée, Orkyday, p'tite frisée, Papa indigné, Paradoxe, paradoxe3, Pascale, pashmina, Passion, Pathy, patoo, patouch, Patrick, Patrick B., Patrick

Choquette, Patrick Dion, Pécadilles, Peintre charmant, Père Absent, Père Solitaire, Petite Brune, Petite Maman, petiboutz, petitemaman, Petitspetons, peu importe, Phébus, Philippe-A, Pidou, Pierre-Léon, Pique-casseau, Pivoine, pkdille, Playmo, plume de fée, Pocahuntas, poirebellehelene, Polluxe, Polybo, Polydamas, PomCompot, pomme, Popa Kapab, princesse, Princesse Strudel, priscassacral, Prof Malgré Tout, Prof Maudit, pseudo-philosophe, psynaj, P'tit Ange, ptite bretonne, puce, Pucinette, Rédactrice chauve, Regor, reine du foyer, Reine Mère, Renée-Claude, Rhéa, Ringo Churros, rjf, Rochat, Rose Bonbon, rOuge bizoux, Rox@nne, sAb|dou, sagi, SAM3, sambuka, sammontreal, Sandra, sara, Sara, Sarah, Sarah-Émilie, Sassa, Sassenach, Sassy, Schizo Cath, seby, SexySoda, Shalima, Shan, silo, Silvana, Simone, Simone Z., sissi, Sixtine, skaribou, Sly, SOCIAL, Sœur Anne, Sœur Indigne, SoMK, Sorcha, souimi, Spat, Stéphanie, Stéphanie de Bruxelles, StupendousWoman, Sue, SunnySoleil, SuperCath, superwoman, superwoman ratée, Suzy, suzzee, Sybella, Symbiose1, Syven, t4nne, tangerine, Tarzile, Tassili, tatayet, Taupe, Tchendoh, Tellement, Thulip, Ti Rien, ti soleil, Tigron, Ti-PouX, Tite Ju, Tite_Fille, titecouette, Tofsi, Tony, toujours (Manon R), tournesol, Tra_la_la, trismegiste, Tryskel, TT02, twin's mom, Ukulélé, Um Zayd, un fils indigne, una joa, unautreprof, Une lectrice en admiration, Une maman comme une autre, uneextraterrestre, val, Valérie, Valérie-Ann, Vallie, Venetia, Vermicelle, Véronique, Vérouche, Vertelime, Vertige, Vie, vieux bandit, Vince, Vio, Violette, waffi, waldo94, wakko, wonder, Xavier Van Dieren, xoxolifa, Y'en a marre, Yannou, Ysa_la_tite_ mere, Yza, Zab, ZabiGG, Zagathe, Zanzie, Zaziki, Zeclarr, Zed Blog, Zezette, zia, Zigounette, zozieau, Zu, Zzz., γιαγιά.

Salutations spéciales au grand Mammouth sous toutes ses géniales incarnations : Mammouth lubrique (à brac) / qui se pavane (à la Fauré) / abasourdi / à la confesse/mystique /conciliant / dubitatif / « tout ça, pour ça ? » / animalier / sacrificiel / silencieux / à la Sartre / charmeur / Lambic / perspicace / de Massilia /paternel / « truffes » Godiva / RDI / Péripatéticien / repentant / Sage / rectificatif / VUS / ergo sum / Pasteur Ted / Enver Hoxha / Turgescent (mais bientôt flaccide) / Qui ne sais plus / French atmosphere / Maître Chanteur / Maître Chanteur part 2 / Déprime / Reiser / Rôles Inversés / Petit / au béret / Edika / Cucurbitacée / Heuuuuuuu /1-0 pour MI / Mono / Pédalo / Clark Gaybeul / Vincent Poursans.

Aussi, un merci tout particulier aux lecteurs qui ont bien voulu me faire la grâce d'accepter que soient publiés ici certains de leurs commentaires, pour le plus grand bien de ce livre.

Finalement, inutile de me cacher la tête sous le manuscrit : je suis sûre que j'ai oublié des noms. Mes plus plates excuses aux victimes innocentes ; je vous adresse bien sûr, à vous aussi, mes plus vifs remerciements.

Table des matières

Pour effectuer une recherche libre par mot-clé à l'intérieur de cet ouvrage, rendez-vous sur notre site Internet au www.septentrion.qc.ca

Tous les livres de la collection Hamac sont imprimés sur du papier recyclé, traité sans chlore et contenant 100 % de fibres postconsommation, selon les recommandations d'ÉcoInitiatives (www.ecoinitiatives.ca).
En respectant les forêts, le Septentrion espère qu'il restera toujours assez d'arbres sur terre pour accrocher des hamacs.

PROTÉGEONS
NOS FORÊTS

COMPOSÉ EN WARNOCK CORPS 10
SELON UNE MAQUETTE DE PIERRE-LOUIS CAUCHON
CE HUITIÈME TIRAGE A ÉTÉ ACHEVÉ D'IMPRIMER EN MARS 2009
SUR PAPIER ENVIRO 100 % RECYCLÉ
SUR LES PRESSES DE L'IMPRIMERIE MARQUIS
À CAP-SAINT-IGNACE
POUR LE COMPTE DE GILLES HERMAN
ÉDITEUR À L'ENSEIGNE DU SEPTENTRION